Italienisch für Fortgeschrittene

sprachen

In der gleichen Reihe:

Italienisch für Fortgeschrittene

Mariella Baumann
18 Lektionen

Humboldt-Taschenbuchverlag

humboldt-taschenbuch 108

Umschlag: Arthur Wehner
Illustrationen: Brigitta Borchert

© Gebrüder Weiß Verlag, Berlin
Druck: Presse-Druck, Augsburg
Printed in Germany
ISBN 3-581-66108-X

VORWORT

Dieses Lehrbuch für Fortgeschrittene, das auf Wunsch meiner Hörer an der Volkshochschule entstanden ist, soll den Sprachschüler, nachdem er sich an Hand des Bändchens „Italienisch in 30 Tagen" mit den wichtigsten grammatischen Regeln vertraut gemacht hat, systematisch in verschiedene Sachgebiete einführen, seinen Wortschatz erweitern und ihm ein Gefühl für die typisch italienische Ausdrucksweise geben. Gleichzeitig werden syntaktische Regeln und vor allem die zahlreichen unregelmäßigen Verben berücksichtigt; diese sind am Ende übersichtlich zusammengestellt, um die einzelnen Lektionen nicht zu sehr zu belasten.

Selbstverständlich erheben sämtliche Zusammenstellungen, seien es nun die Wortgruppen, die unregelmäßigen Verben oder die Redewendungen, keinen Anspruch auf Vollständigkeit, da diese den Rahmen des Bändchens gesprengt hätte. Von den Lesestücken wurde absichtlich keine Musterübersetzung in geschliffenem Stil geboten, um beim Selbststudium das Verständnis nicht zu erschweren; lediglich die Redewendungen wurden ihrer Bedeutung gemäß und nicht wörtlich übersetzt. Möge dieses zweite Bändchen ebenso viele Freunde gewinnen wie das erste.

Mariella Baumann

INHALT

Diario d'un viaggio di nozze
Tagebuch einer Hochzeitsreise

Grammatik und Spracheigentümlichkeiten

Wortgruppen

PRIMA LEZIONE

Diario d'un viaggio di nozze

1

PROGETTI ED ITINERARIO

DEL VIAGGIO

Monaco, 30 maggio 19....

Domani mi sposo! Mi sembra di sognare! Alle 10: cerimonia nuziale, alle 12: il pranzo, alle 3: partenza per l'Italia! Pare che i miei sogni di ragazza debbano realizzarsi tutti in una volta! Non solo avrò una casa e una famiglia mie, ma passerò la luna di miele nel paese che da quando ero piccola desideravo visitare. Stamane sono uscita e ho comperato questo libriccino. Voglio fissare sulla carta i ricordi più belli del mio viaggio. Lo farò in italiano per esercitarmi in questa lingua che amo. Se i professori che mi conobbero come studentessa sapessero di questo mio zelo, sorriderebbero pensando che mi ci voleva proprio il matrimonio a farmi venire tanta voglia di studiare.

E tra le mie attuali materie di studio non c'è soltanto l'italiano, ma anche la geografia. Da vari giorni ho accumulato sul mio scrittoio carte geografiche e topografiche, atlanti ecc. Ieri, poi, quel bel tipo che da domani avrà l'onore di essere mio marito, mi ha regalato un mappamondo enorme. Lo scopo principale era naturalmente quello di prendermi in giro. Come se non sapessi che al nostro scopo basterebbe una carta automobilistica! Ma poi ho visto che il mappamondo si illumina all'interno ed è, soprattutto, una lampada da tavolo di grande effetto, che servirà ad abbellire la nostra casina. Irradia una luce così delicata, che, con una lampadina di poche candele, potrebbe essere lasciata accesa anche di notte, per ispirare quella specie di sogni che io prediligo: i sogni di viaggi.

Sento già che, trascinata da una corrente irreale, finirò per naufragare, dormendo, tra meridiani, paralleli, tropici ed equatore, e per sprofondare in non so quale mare od oceano. Ricordo che un tempo lessi un bel libro „Il Milione" di Marco Polo. Parlava degli antichi popoli della Cina e del Giappone.

9

Come avrei voluto fare l'esploratrice! A quei tempi, che le conoscenze geografiche erano così scarse, i pericoli erano enormi, ma il fascino dei viaggi in paesi misteriosi, delle emozionanti scoperte doveva essere ineffabile. Allora non era ancora inventata la bussola e per trovare il Nord, il Sud, l'Est e l'Ovest, i Punti Cardinali, insomma, bisognava osservare la posizione del sole, delle stelle, delle costellazioni, specie dell'Orsa Maggiore e dell'Orsa Minore, con la Stella Polare. Questo naturalmente quando il cielo lo permetteva e nel nostro emisfero boreale; dell'altro emisfero, l'australe, non so gran che, ricordo solo la Croce del Sud ... ma per il nostro viaggio posso ben aspettare ad informarmene!

Prendiamo piuttosto la carta automobilistica italiana. Voglio calcolare il chilometraggio delle varie tappe. Voglio anche scegliere le strade più brevi e comode, quando non c'è qualche ragione di particolare interesse artistico. In questa carta si può vedere se conviene viaggiare all'interno o seguire la costa, se la via è diritta o tortuosa, se vi sono monti da superare, qual'è l'altitudine dei passi, sia nelle Alpi che negli Apennini ecc.

Vedo che passeremo l'Adige, il Po, il Tevere e altri fiumi minori più a sud. Ci fermeremo in vari capoluoghi di provincia: Bolzano, Verona, Bologna, Firenze, Napoli.

La stagione è alquanto calda per spingersi tanto a sud, ma la mia opinione è che non bisogna perdere le buone occasioni. Io, se potessi, andrei anche in Sicilia, nell'isola di Malta, nell'Arcipelago del Dodecaneso e, perchè no? in Africa, nel Continente Nero! Magari solo in Egitto, al Cairo... Basta! È già tanto poter arrivare fino a Napoli. Un vecchio adagio italiano dice: „Vedi Napoli e poi muori!"

Pare cioè, che vista Napoli, il suo golfo e il suo porto, non ci sia altro di più bello da vedere e perciò si possa andarsene contenti da questo bel mondo. Sarà vero ... ma è un'idea che non mi attrae molto! Napoli è la terra dei poeti e delle canzoni, così come Roma è la terra dell'antica grandezza romana e dei papi.

Vorrei fermarmi a lungo nella Capitale d'Italia. Ma c'è la prosaica questione dei quattrini. Un soggiorno nella capitale, mi dicono, costa un capitale! Perciò è meglio che, per oggi, colla punta della penna, faccia punto ai sogni. Nei prossimi giorni potrò scrivere finalmente della realtà.

Auto *l'automobile*
Auto (Umgangssprache)
 la macchina
Dreirad *il triciclo*
Fahrrad *la bicicletta*
Karren *il carro*
Lastwagen *l'autocarro,*
 il camion
Lastzug *l'autotreno*
Moped *la motoleggera*
Motorrad *la motocicletta*
O'bus *il filobus*
Omnibus (Stadt-) *l'autobus*
Omnibus (Fern-) *l'autopull-*
 man, il torpedone
PKW *l'autovettura*
Postauto *la corriera*
Roller *la motoretta*
Straßenbahn *il tram*

Flugzeug *l'aeroplano/aereo*
Hubschrauber *l'elicottero*
Segelflugzeug *il velivolo*
Wasserflugzeug *l'idroplano*
Schiff (allg.) *la nave*
Dampfschiff *il vapore,*
 il piroscafo

Seilbahn *la funicolare*
Schwebebahn *la funivia,*
 la teleferica

Taxi *il tassì*
Wagen (allg.) *la carrozza*

Eisenbahn *la ferrovia*
Zug *il treno*
Güterzug *il treno merci*
Personenzug (Vorort-)
 il treno omnibus
Personenzug (beschleun.)
 l'accelerato
Eilzug *il diretto*
Schnellzug *il direttissimo*
Fern-D-Zug *il rapido*
Schnelltriebwagen *l'elettro-*
 treno, la littorina
Vorortzug *il treno locale*
Gepäckwagen *il bagagliaio*
Schlafwagen *la carrozza letti*
Speisewagen *la carrozza*
 ristorante

Überseedampfer *il trans-*
 atlantico
Segelboot *la barca a vela*
Ruderboot *la barca a remi*
Motorboot *il motoscafo*
Floß *la zattera*

Sessellift *la seggiovia*
Skilift *la sciovia*

Vokabeln

itinerario Route, Weg
sposarsi heiraten
sognare träumen
cerimonia Zeremonie
cerimonia nuziale Trauung
realizzarsi sich verwirklichen
luna di miele Flitterwochen
paese m. Land, Ort
stamane heute morgen
uscire (unreg.) fortgehen
libriccino Büchlein
fissare festhalten
carta Papier
ricordo Erinnerung
esercitarsi sich üben
conoscere (unreg.) kennen
zelo Eifer
sorridere (unreg.) lächeln
matrimonio Ehe, Heirat
attuale gegenwärtig
materia Fach, Thema
accumulare aufhäufen
scrittoio Schreibtisch
carta topografica Stadtplan
atlante m. Atlas
bel tipo komischer Kauz
mappamondo Globus
scopo Zweck
prendere in giro verulken
illuminarsi erleuchtet werden
interno Innere
sopratutto vor allem
abbellire verschönern
irradiare ausstrahlen
delicato sanft
lampadina Glühbirne
candela Kerze
acceso angezündet
accendere (unreg.) anzünden
ispirare einflößen, inspirieren
prediligere (unreg.) vorziehen
trascinare mitreißen
corrente f. Strömung
irreale unwirklich

naufragare scheitern, kentern
meridiano Breitengrad
parallelo Längengrad
tropico Wendekreis
equatore m. Äquator
sprofondare versinken
lessi (unreg.) Pass. rem. von
   leggere lesen
Cina China
Giappone m. Japan
esploratore Entdecker
conoscenza Kenntnis
scarso spärlich
fascino Zauber, Reiz
misterioso geheimnisvoll
scoperta Entdeckung
ineffabile unaussprechlich
inventare erfinden
bussola Kompaß
nord Norden
sud Süden
est Osten
ovest Westen
punti cardinali Himmels-
   richtungen
osservare beobachten
posizione f. Stand
costellazione Sternbild
specie besonders
Orsa Maggiore Großer Bär
Orsa Minore Kleiner Bär
Stella Polare Polarstern
emisfero Halbkugel
boreale nördlich
australe südlich
gran che etwas Besonderes
piuttosto lieber
calcolare berechnen
chilometraggio Kilometerzahl
tappa Etappe
scegliere (unreg.)
   wählen, aussuchen
ragione f. Grund
artistico künstlerisch

conviene es ist passend,
angezeigt
costa Küste
diritto gerade
tortuoso gewunden
superare überwinden
altitudine f. Höhe
passo Paßstraße
Adige m. Etsch
Tevere m. Tiber
fiume m. Fluß
capoluogo Hauptort
alquanto ziemlich, etwas
spingersi (unreg.) vordringen
arcipelago Archipel
magari womöglich
Egitto Ägypten

adagio Redensart
muori 2. Pers. Präs. von:
morire (unreg.) sterben
porto Hafen
attrae 3. Pers. Präs. *von:*
attrarre (unreg.) anziehen
canzone f. Lied
grandezza Größe
papa m. Papst
capitale m. Kapital
capitale f. Hauptstadt
prosaico prosaisch
questione f. Frage
quattrini Geld (Umgangsspr.)
punta Spitze
punto Punkt
realtà f. Wirklichkeit

Das Geschlecht der Hauptwörter (Substantive)

Das Geschlecht einer Reihe von Hauptwörtern auf -e läßt sich nach den Nachsilben (Suffixen) bestimmen. So sind **männlich** die Hauptwörter auf:

–*one:*

   sapone Seife, *bastone* Stock, *portone* Haustür
   A u s n a h m e : *la canzone* Lied

–*ale:*

   fanale Autoscheinwerfer, *segnale* Signal, *canale* Kanal, *funerale* Beerdigung, *capitale* Kapital

   A u s n a h m e : *la cambiale* Wechsel, *la capitale* Hauptstadt

–*ile:*

   campanile Kirchturm, *cortile* Hof, *fucile* Gewehr
   A u s n a h m e : *la bile* Galle

–*ore:*

   onore Ehre, *dolore* Schmerz, *motore* Motor

–*onte:*

   monte Berg, *ponte* Brücke

–*ante:*

   pulsante Druckschalter, *versante* Abhang

–*ente:*

   dente Zahn, *incidente* Unfall, *frangente* schwieriger Augenblick
   A u s n a h m e : *la mente* Geist, *la corrente* Strömung

13

Weiblich sind dagegen die Hauptwörter auf:

–*ione:*

> *lezione* Lektion, Unterrichtsstunde, *opinione* Meinung, *stagione* Jahreszeit, *questione* Frage, Angelegenheit
>
> A u s n a h m e : *Il campione* (Waren-)Muster, *il milione* Million

–*ie:*

> *specie* Gattung, *serie* Serie

–*ice:*

> *cornice* Bilderrahmen, *radice* Wurzel

–*orte:*

> *sorte* Schicksal, *morte* Tod, *corte* Hof

die auf -*i*, soweit sie *griechischen* Ursprungs sind wie:

> *analisi* Analyse, *crisi* Krise, *tisi* Schwindsucht usw.; die übrigen sind männlich.

Weiblich sind einige auf -*a* endende Hauptwörter und bleiben dies auch in der Mehrzahl, obwohl sie männliche Personen bezeichnen:

> *la guardia* Polizist – *le guardie*
>
> *la guida* Führer (auch das Buch, Reiseführer) – *le guide*
>
> *la spia* Spion – *le spie*

im Gegensatz zu

> *il poeta* Dichter – *i poeti*
>
> *il papa* Papst – *i papi*
>
> *il duca* Herzog – *i duchi*

Zum Geschlecht der Hauptwörter merke folgende allgemeine Regeln:

Städtenamen sind **weiblich.**

> A u s n a h m e : *il Cairo*

Ländernamen auf -*a* und -*de* sind **weiblich,** die übrigen **männlich:**

> *il Brasile, il Canadà, il Perù, il Belgio* usw.

Flüsse sind **männlich:**

> *l'Adige, il Tevere, il Reno*

Flüsse auf -*a* dagegen **weiblich.**

> A u s n a h m e : *l'Adda, il Volga, il Brenta*

Berge sind meist **männlich.**

> A u s n a h m e Gebirgsketten: *le Alpi, le Dolomiti, le Ande*

Bäume sind **männlich:**

> *il melo* Apfelbaum, *il pero* Birnbaum, *il ciliegio* Kirschbaum
>
> A u s n a h m e : *la palma* Palme, *la quercia* Eiche, *la betulla* Birke, *la vite* Weinstock

Früchte sind **weiblich:**
  la mela Apfel, *la pera* Birne, *la ciliegia* Kirsche
  A u s n a h m e : *il dattero* Dattel

Il fico kann Feige und Feigenbaum sein, so wie *il limone* die
Zitrone und der Zitronenbaum, *il lampone* die Himbeere
und der Himbeerstrauch, *il ribes* die Johannisbeere und der
Johannisbeerstrauch.

Einige Früchte haben eine vom Baum verschiedene Bezeichnung: *la ghianda* die Eichel, *l'uva* die Traube.

Bei den Hauptwörtern auf -*ista* sind die männliche und weibliche Form und das Geschlecht nur in der Mehrzahl erkennbar:
  l'artista Künstler(in) - *gli artisti, le artiste*
  il/la dentista Zahnarzt(-ärztin) - *i dentisti, le dentiste*
  il/la pianista Pianist(in) - *i pianisti, le pianiste*

Endungsgleich für beide Geschlechter sind auch die Hauptwörter auf -*e*, die eine Nationalität bezeichnen:
  il francese, la francese Franzose(-ösin);
  l'inglese Engländer(in)

Männliche Hauptwörter auf -*tore* bilden die weibliche Form
auf -*trice:*
  attore, attrice Schauspieler(in); *autore, autrice* Autor(in);
  traduttore, traduttrice Übersetzer(in); *scrittore, scrittrice*
  Schriftsteller(in); *pittore, pittrice* Maler(in); *ambasciatore,*
  ambasciatrice Botschafter(in)

Andere Hauptwörter bilden die weibliche Form auf -*essa:*
  studente, studentessa (Student(in); *professore, professoressa*
  Professor(in); *dottore, dottoressa* Doktor(in); *conte, contessa*
  Graf (Gräfin); *principe, principessa* Fürst(in), Prinz(essin)

Bei *Tiernamen* wird im allgemeinen kein Unterschied des Geschlechts gemacht, doch erlauben einige eine weibliche Form:
  gatto, gatta Katze; *cavallo, cavalla* Pferd

Unregelmäßig sind:
  il cane Hund - *la cagna* Hündin
  il gallo Hahn - *la gallina* Henne
  la pecora Schaf - *il montone* Hammel
  la vacca Kuh - *il toro* Stier

Eine Reihe von Hauptwörtern sind je nach der Bedeutung
männlich oder weiblich:

il fine der Zweck	*la fine* das Ende
il foglio das Blatt (Buch)	*la foglia* das Blatt (Pflanze)
il fronte die Front	*la fronte* die Stirn
il modo die Art, Weise	*la moda* die Mode
il collo der Hals	*la colla* der Leim
il colpo der Schlag	*la colpa* die Schuld

Ich möchte lange in der Hauptstadt Italiens verweilen. Doch da ist die prosaische Frage des Geldes. Ein Aufenthalt in der Hauptstadt kostet, wie man mir sagt, ein Kapital. Daher ist es besser, wenn ich für heute mit der Federspitze einen Punkt unter die Träume setze. In den nächsten Tagen werde ich endlich über die Wirklichkeit schreiben können.

SECONDA LEZIONE

2

IN MONTAGNA

2 giugno

Questa mattina, appena svegli, abbiamo spalancato la finestra della nostra camera da letto all'albergo Miramonti e abbiamo potuto ammirare un meraviglioso spettacolo. Cortina merita davvero la fama di cui gode. È una splendida ed ampia conca verde circondata da una cerchia di monti assai alti. C'è un contrasto suggestivo tra il verde dei boschi di pini, abeti, larici ecc. ed il bianco delle rocce. Le Dolomiti sono celebri per i colori che assumono durante le diverse ore del giorno. Specialmente al tramonto le cime si tingono d'un rosa che lentamente sfuma nel viola. Questo fenomeno è chiamato con parola locale „enrosadira" e ha ispirato alcune delle tante belle leggende riguardanti questi monti e questi paesi.

Quassù è veramente una festa di colori! I prati verdi dalla primavera all'autunno si ornano di mille varietà di fiori. La flora alpina è ricchissima; si nota subito la massa giallo-dorata dei ranuncoli e quella d'un azzurro smaltato delle genziane. Mi hanna raccontato che quando si va a raccogliere dei

18

mughetti bianchi e odorosi, si è guidati dal profumo soave che essi emanano.

Anche le rocce sono qua e là allietate da vari fiori, come l'anemone e la soldanella alpina, la notissima stella alpina ed altri. Vi sono poi cespugli fioriti e olezzanti come il rododendro rosso e l'erica violacea. Altri cespugli danno invece frutti selvatici molto saporiti, come il mirtillo, la mora, il lampone e la rosa canina. E che dire delle squisite fragole di montagna? E dei funghi a volte pericolosi, ma così gustosi, che abbondano nei boschi?

Che panorama incantevole si gode da questo albergo? Ogni punto in cui giunge l'occhio è un quadro! Non vedo l'ora di inoltrarmi fra i boschi e di arrampicarmi sui monti. Spero, nella mia gita di stamane, di vedere uno di quei meravigliosi laghetti che riflettono come specchi il celeste del cielo, fondendolo colle tinte dei monti e delle piante circostanti.

Mio marito si è interessato molto alle trote che dicono siano abbondanti da queste parti. Forse spera di assaporarle presto. Sempre ghiottoni, questi uomini! Io invece vorrei sapere dipingere bene! Vi sono dei ruscelli dall'acqua incredibilmente limpida e gelida che formano cascate dai colori argentei, dorati, iridescenti. Contro sole formano l'arcobaleno. Non so figurarmi questo paesaggio, che stamattina è avvolto da una luce tanto serena, in una giornata grigia e nuvolosa. Credo che le montagne assumerebbero un aspetto austero e severo non meno suggestivo di quello che hanno ora.

Non vedo l'ora che arrivi la guida per fare la gita prospettata ieri sera, al nostro arrivo all'albergo. Ho tolto dalla valigia le nostre giacche a vento blu (nel caso non infrequente che prima di sera cambiasse il tempo e cadessero due gocce di pioggia), gli scarponi marrone, le camicie di flanella scozzese e i miei calzini corti rosa. Vogliamo salire sulla cima delle Tofane per vedere l'altro versante. Speriamo che non mi vengano i capogiri! Finchè mi ricordo metto nel sacco da montagna gli occhiali neri, il portacipria e l'accendisigari. Ecco: sono pronta; ma mio marito è ancora in pigiama! Forza, pigrone! Bel capofamiglia, sei!

Bäume – alberi

Ahorn l'acero
Akazie l'acacia
Buche il faggio
Eiche la quercia
Erle l'ontano
Esche il frassino
Geißblatt il caprifoglio
Holunder il sambuco
Lärche il larice
Lorbeer il lauro
Linde il tiglio
Maulbeerbaum il gelso

Palme la palma
Ölbaum l'ulivo
Pappel il pioppo
Pinie, Fichte il pino
Tanne l'abete m.
Trauerweide il salice pian-
    gente
Ulme l'olmo
Weide il salice
Weißdorn il biancospino
Zypresse il cipresso
Zeder il cedro

Blumen - fiori

Alpenrose il rododendro
Alpenveilchen il ciclamino
Anemone l'anemone
Aster l'astero
Azalee l'azalea
Brennessel l'ortica
Chrysantheme il crisantemo
Dahlie la dalia
Distel il cardo

Edelweiß la stella alpina
Enzian la genziana
Flieder il lilla
Gänseblümchen la pratolina,
    la margheritina
Geranie il geranio
Gladiole il gladiolo
Hahnenfuß il ranuncolo
Heckenrose la rosa canina

20

Hyazinthe *il giacinto*	Nelke *il garofano*
Jasmin *il gelsomino*	Oleander *l'oleandro*
Kamille *la camomilla*	Orchidee *l'orchidea*
Klee (dreiblättrig) *il trifoglio*	Primel *la primula*
Klee (vierblättrig) *il quadri-foglio*	Rose *la rosa*
Kornblume *il fiordaliso*	Schlüsselblume *la primula*
Lilie *il giglio*	Schneeglöckchen *il bucaneve*
Löwenmaul *la bocca di leone*	Soldanelle *la soldanella*
Löwenzahn *il dente di leone*	Sonnenblume *il girasole*
Maiglöckchen *il mughetto*	Stiefmütterchen *la viola del pensiero*
Margerite *la margherita*	Tulpe *il tulipano*
Mohn *il papavero*	Veilchen *la violetta*
Myrte *il mirto*	Vergißmeinnicht *il non ti scordar di me (miosotide)*
Narzisse *il narciso*	

Obst – frutta

Ananas *l'ananasso*	Johannisbeere *il ribes*
Apfel *la mela*	Kastanie *la castagna*
Apfelsine *l'arancia*	Kirsche *la ciliegia;* (Weichsel-) *l'amarena*
Aprikose *l'albicocca*	Mandarine *il mandarino*
Banane *la banana*	Mandel *la mandorla*
Birne *la pera*	Mispel *la nespola*
Blaubeere *il mirtillo*	Nuß (Walnuß) *la noce*
Brombeere *la mora*	Pfirsich *la pesca*
Dattel *il dattero*	Pflaume *la prugna*
Erdbeere *la fragola*	Quitte *la cotogna*
Feige *il fico*	Stachelbeere *l'uvaspina*
Haselnuß *la nocciuola*	Traube *l'uva*
Hagebutte *la rosa canina*	Zitrone *il limone*
Heidelbeere *il mirtillo*	Zwetschge *la susina*
Himbeere *il lampone*	

21

Vokabeln

sveglio wach
spalancare weit aufmachen
meritare verdienen
fama Ruf
godere di genießen
splendido prächtig
ampio weit
conca Tal(kessel)
circondare umgeben
cerchia Ring, Kranz
monte m. Berg
contrasto Kontrast,
  Gegensatz
suggestivo eindrucksvoll
bosco Wald
roccia Fels
assumere (unreg.) annehmen
tramonto Sonnenuntergang
cima Gipfel
tingere (unreg.) färben
sfumare übergehen,
  abschattieren
fenomeno Erscheinung,
  Phänomen
riguardante betreffend
leggenda Sage, Legende
quassù hier oben
prato Wiese
ornarsi sich schmücken
alpino Gebirgs-
giallo-dorato goldgelb
smaltato gelackt, emailliert
raccogliere (unreg.) sammeln
odoroso duftend
guidare führen
soave lieblich
emanare ausströmen
allietato aufgeheitert
cespuglio Strauch
fiorito blühend
olezzante wohlriechend
violaceo bläulich-violett
selvatico wild
saporito schmackhaft

squisito köstlich
fungo Pilz
gustoso schmackhaft
abbondare reichlich vorhanden sein
incantevole zauberhaft
giungere (unreg.) reichen,
  hinkommen
inoltrarsi vordringen
arrampicarsi klettern
laghetto kleiner See
riflettere (unreg.) wider-
  spiegeln
celeste himmelblau
fondere (unreg.) verschmelzen
tinta Farbe
pianta Pflanze
circostante umliegend
trota Forelle
da queste parti
  in dieser Gegend
assaporare kosten, probieren
ghiottone Feinschmecker,
  Schlemmer
ruscello Bächlein
incredibile unglaublich
limpido klar
gelido eiskalt
cascata Wasserfall
argenteo silbern
dorato golden
iridescente schillernd
arcobaleno Regenbogen
figurarsi sich vorstellen
paesaggio Landschaft
avvolgere (unreg.) einhüllen,
  einwickeln
sereno hell, klar
grigio grau
nuvoloso wolkig
aspetto Anblick, Aussehen
austero finster
severo streng
guida m. Führer

prospettato geplant
togliere (unreg.) herausnehmen
giacca a vento Windjacke
goccia Tropfen
pioggia Regen
scarponi Bergstiefel
marrone braun
scozzese schottisch kariert
calzini Söckchen

salire (unreg.) hinaufsteigen
versante m. Abhang
capogiro Schwindelgefühl
sacco da montagna Rucksack
occhiali neri Sonnenbrille
portacipria m. Puderdose
accendisigari m. Feuerzeug
capofamiglia m. Familienoberhaupt

Die Mehrzahl (Plural) der Haupt- und Eigenschaftswörter

Eigenschaftswörter, die von Hauptwörtern abgeleitet werden, bleiben in der Mehrzahl unverändert:

nastri rosa rosa Bänder; *scarpe marrone* braune Schuhe; *scialli viola* violette Schals; *vestiti blu* blaue Kleider

Hauptwörter auf -*cia* und -*gia* bilden die Mehrzahl ohne i, wenn dem c oder g ein Konsonant vorausgeht (der auch c bzw. g sein kann), z. B.:

pioggia Regen – *piogge; goccia* Tropfen – *gocce; roccia* Felsen – *rocce; frangia* Franse – *frange; fascia* Binde – *fasce* a b e r : *camicia* Hemd – *camicie; audacia* Kühnheit – *audacie;* weil ein Vokal vorausgeht.

Eine Reihe von Hauptwörtern auf -*o* bildet die Mehrzahl auf -*i* (meist mit Bedeutungswandel) und auf -*a*, wobei das Geschlecht weiblich wird:

il braccio Arm – *le braccia; i bracci* Flußarme
il corno Horn – *le corna; i corni* Hörner (Instrumente)
il membro Glied – *le membra; i membri* Mitglieder
il riso Lachen, Reis – *le risa* Gelächter; *i risi* Reisarten
il dito Finger, Zehe – *le dita* Finger; *i diti* Zehen
il muro Mauer – *le mura* Stadtmauern
il grido Geschrei – *le grida*

Folgende Wörter werden *nur* in der *Einzahl* gebraucht (Achtung, auch das Verb in die Einzahl setzen!):

la gente die Leute; *la roba* die Sachen, Zeug; *il morbillo* die Masern

Nur in der *Mehrzahl* gebraucht werden:

i dintorni die Umgebung; *le molle* die Zange; *le stoviglie* das Küchengeschirr; *gli spiccioli* das Kleingeld; *le nozze* die Hochzeit; *le forbici* die Schere; *i calzoni* die Hose; *gli occhiali* die Brille; *i baffi* der Schnurrbart; *i viveri* die Lebensmittel

Die Mehrzahl *zusammengesetzter Hauptwörter* richtet sich nach den Wortarten, aus denen sie bestehen. Setzen sie sich aus zwei Hauptwörtern zusammen, so erhält nur das zweite die Mehrzahlendung. Wird aber das zweite als Eigenschaftswort aufgefaßt, so nimmt nur das erste die Mehrzahlendung an:

il divano letto Bettcouch – *i divani letto*
la valigia armadio Schrankkoffer – *le valigie armadio*

Hauptwörter, die aus einem Zeit- und einem Hauptwort bestehen, bleiben in der Mehrzahl unverändert:

il portacipria Puderdose — *i portacipria*
il portacenere Aschenbecher – *i portacenere*
il scendiletto Bettvorleger – *i scendiletto*
il salvagente Rettungsgürtel, Verkehrsschutzinsel – *i salvagente*
l'accendisigari Feuerzeug – *gli accendisigari*
il paracadute Fallschirm – *i paracadute*
il parafulmini Blitzableiter – *i parafulmini*
il montacarichi Lastenaufzug – *i montacarichi*

Bei Hauptwörtern, die aus einem Haupt- und einem Eigenschaftswort bestehen, werden beide Teile in die Mehrzahl gesetzt:

la cassaforte Geldschrank, Tresor – *le casseforti*

Bei Doppelwörtern mit dem Wort *capo* in der Bedeutung Vorgesetzter wird nur dieses Wort in die Mehrzahl gesetzt:

il capofamiglia Familienvorstand – *i capifamiglia*
il capostazione Bahnhofsvorstand – *i capistazione*
il capobanda Kapellmeister – *i capibanda*
il capoofficina Werkmeister – *i capiofficina*

Andere Zusammensetzungen mit *capo* bilden jedoch die Mehrzahl nach der Hauptregel, also:

il capolavoro Meisterwerk – *i capolavori*
il capogiro Schwindelanfall – *i capogiri*

2   IM GEBIRGE

Heute morgen, kaum wach, haben wir das Fenster unseres Schlafzimmers im Hotel Miramonti weit aufgemacht und ein wunderbares Schauspiel bewundern können. Cortina verdient wirklich den Ruf, den es genießt. Es ist ein herrliches, weites grünes Tal, von einem Kranz sehr hoher Berge umgeben. Es besteht ein eindrucksvoller Gegensatz zwischen dem Grün der Pinien-, Tannen-, Lärchenwälder usw. und dem Weiß der Felsen. Die Dolomiten sind berühmt wegen der Farben, die sie während der verschiedenen Stunden des Tages annehmen. Vor allem bei Sonnenuntergang färben sich die Gipfel mit einem Rosa, das langsam in Violett übergeht. Diese Erscheinung wird mit einem Lokalausdruck „enrosadira" genannt und inspirierte einige der vielen schönen Sagen über diese Berge und Gegenden.

Hier oben ist wirklich ein Fest von Farben! Die vom Frühjahr bis zum Herbst grünen Wiesen schmücken sich mit tausend verschiedenen Arten von Blumen. Die Gebirgsflora ist sehr reichhaltig; man bemerkt sofort die goldgelbe Masse der Hahnenfüße und die emailleblaue der Enziane. Man erzählte mir, daß man, wenn man weiße duftende Maiglöckchen pflücken geht, von dem lieblichen Duft geleitet wird, den sie ausströmen.

Auch die Felsen werden hie und da von verschiedenen Blumen aufgeheitert wie der Anemone und der Gebirgssoldanelle, dem sehr bekannten Edelweiß und anderen. Dann gibt es blühende und duftende Sträucher wie die rote Alpenrose und die violettblaue Erika. Andere Sträucher spenden hingegen sehr schmackhafte Wildfrüchte wie die Heidelbeere, die Brombeere, die Himbeere und die Hagebutte. Und was soll man über die köstlichen Bergerdbeeren sagen? Und über die manchmal gefährlichen, aber so schmackhaften Pilze, die es in den Wäldern im Überfluß gibt?

Was für einen zauberhaften Rundblick genießt man von diesem Hotel aus! Jeder Punkt, zu dem das Auge schweift, ist ein Gemälde! Ich kann es nicht erwarten, in die Wälder vorzudringen und auf die Berge zu klettern. Ich hoffe, bei meinem Ausflug von heute morgen einen jener wunderbaren kleinen Seen zu sehen, die wie Spiegel das Blau des Himmels zurückwerfen und es mit den Farben der umliegenden Berge und der Pflanzen verschmelzen.

Mein Mann hat sich sehr für die Forellen interessiert, von denen es heißt, daß sie in dieser Gegend sehr zahlreich seien. Vielleicht hofft er sie bald zu kosten. Sie sind immer Feinschmecker, diese Männer! Ich möchte hingegen gut malen können! Es gibt Bäche mit unglaublich klarem und eiskaltem Wasser, die Wasserfälle bilden mit silbernen, goldenen und schillernden Farben. Gegen die Sonne bilden sie einen Regenbogen. Ich kann mir diese Landschaft, die heute morgen in ein so klares Licht getaucht ist, nicht an einem grauen, wolkigen Tag vorstellen. Ich glaube, daß die Berge ein finsteres und strenges Aussehen annehmen würden, das nicht weniger eindrucksvoll ist als das, das sie jetzt haben.

Ich kann es kaum erwarten, daß der Bergführer kommt, um die gestern abend bei unserer Ankunft festgelegte Tour mit uns zu unternehmen. Ich habe aus dem Koffer unsere blauen Windjacken genommen (für den nicht seltenen Fall, daß vor dem Abend das Wetter umschlägt und ein paar Regentropfen fallen), die braunen Bergstiefel, die schottischkarierten Flanellhemden und meine kurzen rosa Söckchen. Wir möchten auf den Gipfel der Tofana steigen, um den anderen Hang zu sehen. Hoffentlich werde ich nicht schwindlig! Seit ich mich erinnern kann, tue ich in den Rucksack die Sonnenbrille, die Puderdose und das Feuerzeug. Nun bin ich fertig; doch mein Mann ist noch im Schlafanzug. Los, Faulpelz! Du bist ein schönes Familienoberhaupt!

TERZA LEZIONE

3

IN MACCHINA

5 giugno

È un vero peccato dover lasciare Cortina! Ma non vogliamo cambiare così presto il nostro programma; abbiamo ancora tanta strada da fare e tante bellezze da vedere. Prima di mezzogiorno vogliamo essere a Verona. Ma non credo che sia possibile, tanto più che è ancora a letto e sta dormendo come un ghiro.

Prima di metterci per strada vogliamo prendere tutte le precauzioni: andremo in un buon garage per far controllare l'olio, l'acqua, il motore, le candele, lo sterzo, il freno e la pressione delle gomme. La macchina ha già percorso molti chilometri ed è stata sottoposta ad uno sforzo notevole perchè siamo sempre andati a velocità piuttosto elevata e naturalmente il motore si è surriscaldato. Specialmente viaggiando all'estero il guidatore deve avere un po' di sale in zucca. Faremo anche il pieno al distributore, adoperando i buoni che ci hanno concesso e che sono convenienti perchè la benzina in Italia costa di più.

26

Finora il nostro viaggio è andato abbastanza bene, benchè siamo partiti di venerdì e che si dica che il venerdì porti scalogna. Anche alla dogana ci siamo sbrigati presto, grazie agli dei, o meglio, grazie alla benevolenza delle guardie confinarie. Hanno guardato solo se il libretto di circolazione ed il passaporto erano in regola.

La fila delle macchine, però, data la stagione estiva, era molto lunga. C'era un italiano che andava nella direzione opposta, che brontolava e protestava contro tutte queste formalità in maniera molto comica. Che fosse un italiano, veramente, l'ho capito dalla targa. Parlava un dialetto incomprensibile, ben diverso dalla lingua del Manzoni o del Pirandello. Aveva gli occhi ed i capelli neri come l'ala del corvo, forse era un meridionale. La sua automobile doveva risalire ai tempi di Umberto I, tanto era antiquata. Era proprio una macchietta, un tipo ameno!

Appena passato il Brennero, poi, siamo stati fermati dalla polizia stradale per un controllo del fanalino posteriore, quello del freno. Fortunatamente l'avevamo fatto riparare a Monaco, se no, saremmo incorsi in una multa salata. Anche gli altri fanali e il segnale acustico funzionavano bene. Finora, dato il bel tempo, viaggiamo colla capote aperta e non abbiamo mai avuto bisogno di azionare il tergicristallo.

Acqua non ne abbiamo presa, ma quanta polvere! Poi due motociclisti ci hanno quasi investito. Erano due corridori dilettanti che si allenavano. Però che idea lanciarsi a rotta di collo in una strada pericolosa! Mio marito era seccato ed aveva una faccia da funerale molto buffa. Povero cocco! Mi è riuscito di farlo sorridere con qualche moina.

Ma alla sera, un po' per la stanchezza del lungo viaggio, un po' perchè il portone era stretto, entrando nell'autorimessa dell'albergo ha lievemente ammaccato un parafango. Nulla di grave, ma non sarà facile accompagnare il colore della vernice. Porteremo la macchina dal carrozziere quando torneremo a Monaco per fare tutto un conto con altri eventuali incidenti. Facciamo le corna! A Verona provvederemo solo al lavaggio e ingrassaggio della macchina. Per ricaricare la batteria o per riparazioni all'impianto elettrico c'è in Italia un meccanico specializzato che si chiama elettrauto. Speriamo di non averne bisogno! Il mio illustre coniuge si è svegliato. Ora suono per farci portare subito la colazione in camera.

Automobilismus

Automobilismo

Anlasser *l'avviatore*
Armaturenbrett *il cruscotto*
Auspuff *lo scappamento*
Bremse *il freno*
Durchfahrt verboten *transito vietato*
Einbahnstraße *il senso unico*
Ersatzteil *il pezzo di ricambio*
Fahrgestell, Chassis *il telaio*
Fenster *il finestrino*
Führerschein *la patente*
Fußbremse *il freno a pedale*
Gang *la marcia*
Garage *l'autorimessa*
Gashebel *l'acceleratore*
Gefälle *la discesa*
Gemisch *la miscela*
Geschwindigkeitsmesser *il tachimetro*
Handbremse *il freno a mano*
Hupe *il clacson, la tromba, il segnale acustico*
Kolben *lo stantuffo*
Kotflügel *il parafango*
Kühler *il radiatore*
Kühlerhaube *il cofano (del radiatore)*
Kupplung *la frizione*
Kupplungswelle *l'albero della frizione*
Nummernschild, Kennzeichen *la targa*

Lenkrad *lo sterzo, il volante*
Parkplatz *il posteggio*
Rad *la ruota*
Reifen *le gomme* (Umgangssprache), *i pneumatici*
Rücklicht *il fanalino posteriore*
Sicherheitsglas *il vetro di sicurezza*
Scheibenwischer *il tergicristallo*
Scheinwerfer *il fanale, il faro*
Steigung *la salita*
Stoßstange *il paraurto*
Straßenkreuzung (auf d. Land) *il bivio*
Straßenkreuzung (Stadt) *l'incrocio*
Tankstelle *il distributore*
Tankstelle *il posto di rifornimento*
Treibstoff *il carburante*
Umleitung *la deviazione*
Verdeck *la capote*
Vergaser *il carburatore*
Vorfahrt *la precedenza*
Wagentür *la portiera, lo sportello*
Winker *la freccia*
Windschutzscheibe *il parabrezza*
Zündkerze *la candela*
Zündung *l'accensione*

abmontieren *smontare*
abschleppen *rimorchiare*

absprühen *spruzzare*
anlassen *avviare il motore*

abstellen *spegnere, fermare il motore*	quietschen *cigolare*
aufpumpen *gonfiare*	schalten *cambiare la velocita*
drosseln *strozzare*	schmieren *ingrassare, lubrificare*
Gas geben *accelerare*	tanken *riforniere di carburante*
Gas wegnehmen *rallentare*	
hupen *suonare*	überholen *sorpassare*
leerlaufen *marciare a folle*	undicht sein *perdere*

Der Gebrauch des Geschlechtswortes (Artikels)

Entgegen der Grundregel sagt man:
> *lo iodio* das Jod, *lo psicanalista* der Psychotherapeut, sowie *gli dei* die Götter

Außerdem ist zu merken:
> *per lo più* meistens, *per lo meno* wenigstens, *per lo passato* früher, vorher

Weibliche Vornamen haben in der Umgangssprache im allgemeinen den Artikel:
> *La Maria ha detto.* Maria hat gesagt.

Dasselbe gilt für die Zunamen berühmter Männer:
> *Il Manzoni ha scritto „I Promessi Sposi".*
> Manzoni schrieb „Die Verlobten".

Der Artikel entfällt jedoch, falls der Vorname dabeisteht:
> *Dante Alighieri è il sommo poeta italiano.*
> D. A. ist der größte italienische Dichter.

Bei *geschichtlichen Eigennamen* entfällt der Artikel vor der Ordnungszahl:
> *Enrico IV (quarto,* nicht *il quarto)*

Männliche Ländernamen erfordern mit der Präposition *in* den Artikel:
> *nel Tirolo, nel Brasile, nel Belgio*
> (a b e r : *in Italia, in Germania)*

Bei den *Wochentagen* gebraucht man gewöhnlich keinen Artikel, außer wenn es sich um wiederkehrende Tage jeder Woche handelt:
> *Non posso andare a trovare la Luisa venerdì* perchè *il venerdì* ho sempre la mia solita lezione d'italiano.
> Am Freitag kann ich Luise nicht besuchen, weil ich freitags meine übliche italienische Stunde habe.

Der Artikel steht bei:
> vergangenes Jahr (oder: im vergangenen Jahr) *l'anno passato*, nächste Woche *la settimana prossima*, ebenso am Vormittag (vormittags) *la mattina*, am Abend (abends) *la sera*

29

Ebenso steht der Artikel nach *avere* bei körperlichen Eigenschaften:

La ragazza ha *gli occhi azzurri* ed *i capelli biondi.*
Das Mädchen hat blaue Augen und blonde Haare.

Zu merken sind einige feststehende Redewendungen mit Artikel:

studiare (sapere) l'italiano Italienisch lernen
suonare il pianoforte Klavier spielen
dare (augurare) il buon giorno guten Tag wünschen
fare le feste die Feiertage verbringen
fare il Natale (o. ä.) Weihnachten verleben

In anderen Ausdrücken entfällt wiederum der Artikel:

dare prova den Beweis liefern
mettere fine a ein Ende bereiten

Bei der erklärenden Beifügung (Apposition) entfällt gewöhnlich der Artikel:

La città di Amburgo, *porto del Mare del Nord,* conta più d'un milione di abitanti. Die Stadt H., *ein* Hafen der Nordsee, zählt mehr als eine Million Einwohner.

Dient die Beifügung jedoch zur Hervorhebung des Wortes oder ist sie etwas allgemein Bekanntes, so steht der Artikel:

Goethe, *il sommo poeta dei tedeschi,* morì in tarda età.
Goethe, der größte Dichter der Deutschen, starb in hohem Alter.

Entgegen dem Deutschen steht die Beifügung immer im ersten Fall:

Sono stato ospite in casa del professor Rolli, *il famoso specialista* di malattie cardiache. Ich bin Gast im Haus des Professors Rolli, *des* bekannten Herzspezialisten gewesen.

Vokabeln

tanto più um so mehr
ghiro Siebenschläfer, Murmeltier
mettersi per strada sich auf den Weg machen
precauzione f. Vorsicht
olio Öl
pressione f. Druck
percorrere (unreg.) zurücklegen
sottoporre (unreg.) unterwerfen

sforzo Anstrengung
notevole beträchtlich
velocità Geschwindigkeit
elevato hoch, überhöht
surriscaldato überhitzt
guidatore Fahrer
sale in zucca Grips im Kopf
fare il pieno volltanken
adoperare verwenden
buono Gutschein
concedere (unreg.) gewähren, genehmigen

conveniente vorteilhaft,
   preiswert
per lo meno wenigstens
finora bis jetzt
scalogna Pech, Unglück
sbrigarsi sich beeilen,
   rasch erledigen
benevolenza Wohlwollen
guardia m. Polizist
guardia confinaria
   Grenzposten
libretto di circolazione
   Wagenpapiere
fila Schlange, Reihe
opposto entgegengesetzt
brontolare schimpfen
protestare protestieren
formalità f. Formalität
incomprensibile
   unverständlich
ala Flügel
corvo Rabe
meridionale Südländer
risalire a zurückgehen auf
antiquato veraltet
macchietta Witzfigur
tipo ameno komischer Kauz
polizia stradale Verkehrspolizei
riparare reparieren
incorrere (unreg.)
   sich zuziehen
multa Geldstrafe
salato gesalzen
azionare betätigen

polvere f. Staub
motociclista m. Motorradfahrer
investire anfahren
corridore Rennfahrer
allenarsi trainieren
lanciarsi sich stürzen
a rotta di collo Hals über
   Kopf
seccato verärgert
faccia da funerale
   Leichenbittermiene
buffo komisch
cocco Liebling
moina Liebkosung
stanchezza Müdigkeit
portone m. Haustor
lieve leicht
ammaccare eindrücken,
   anstoßen
accompagnare
   übereinstimmen
vernice f. Lack
incidente m. Unfall
fare le corna unberufen,
   toi, toi, toi
provvedere a (unreg.)
   sorgen für
lavaggio Waschen
ingrassaggio Abschmieren
ricaricare aufladen
impianto Anlage
meccanico Mechaniker
illustre erlaucht
coniuge m. Gemahl

3   **IM WAGEN**

Es ist wirklich schade, Cortina verlassen zu müssen. Wir
wollen aber nicht so schnell unser Programm umstoßen. Wir
haben noch einen weiten Weg vor uns und viel Schönes zu
sehen. Vor Mittag wollen wir in Verona sein, doch glaube ich

nicht, daß es möglich ist, um so mehr als er noch im Bett liegt und wie ein Murmeltier schläft.

Wir wollen, ehe wir uns auf den Weg machen, alle Vorsichtsmaßnahmen treffen: wir wollen zu einer guten Garage gehen, um das Öl, das Wasser, den Motor, die Zündkerzen, das Lenkrad, die Bremse und den Reifendruck prüfen zu lassen. Der Wagen hat schon viele Kilometer zurückgelegt und ist stark beansprucht (einer beträchtlichen Kraftanstrengung unterworfen) worden, da wir immer mit ziemlich hoher Geschwindigkeit gefahren sind und der Motor sich natürlich heißgelaufen hat. Der Fahrer muß, vor allem wenn er im Ausland fährt, ein bißchen Grips haben. Wir werden auch an der Tankstelle volltanken, wobei wir die Gutscheine verwenden, die man uns genehmigt hat und die vorteilhaft sind, weil das Benzin in Italien mehr kostet.

Bis jetzt ist unsere Reise ziemlich glatt verlaufen, obwohl wir an einem Freitag abgefahren sind und es heißt, daß der Freitag Unglück bringe. Auch am Zoll haben wir es schnell geschafft, dank den Göttern, oder besser, dank dem Wohlwollen der Grenzposten. Sie haben nur nachgesehen, ob die Wagenpapiere und der Paß in Ordnung sind.

Die Wagenschlange war jedoch infolge der Sommersaison sehr lang. Da war ein Italiener, der in die entgegengesetzte Richtung fuhr, der auf sehr komische Weise schimpfte und gegen alle diese Formalitäten protestierte. Daß er tatsächlich Italiener war, hatte ich an dem Kennzeichen gemerkt. Er sprach einen unverständlichen Dialekt, sehr verschieden von der Sprache Manzonis oder Pirandellos. Er hatte rabenschwarze (schwarz wie der Flügel des Raben) Augen und Haare, vielleicht war er aus dem Süden. Sein Wagen mußte aus der Zeit Umbertos I. stammen, so veraltet war er. Er war wirklich eine Witzfigur, ein komischer Kauz.

Kaum hatten wir den Brenner passiert, da wurden wir von der Verkehrspolizei zur Kontrolle des Rücklichtes — desjenigen der Bremse – angehalten. Glücklicherweise hatten wir es in München reparieren lassen, sonst hätten wir uns eine gepfefferte (gesalzene) Strafe zugezogen. Auch die anderen Scheinwerfer und die Hupe funktionierten gut. Bis jetzt fahren wir bei schönem Wetter mit offenem Verdeck und brauchten den Scheibenwischer noch nicht in Betrieb zu setzen.

Wasser haben wir keines abgekriegt, aber welche Menge Staub! Dann haben uns beinahe zwei Motorradfahrer angefahren. Es waren zwei Amateurrennfahrer, die trainierten. Doch was für eine Idee, sich Hals über Kopf in eine gefährliche Straße zu stürzen! Mein Mann war verärgert und machte eine

recht komische Leichenbittermiene. Armer Liebling! Mit ein
paar Liebkosungen gelang es mir, ihn wieder zum Lächeln zu
bringen.

Doch am Abend ist ihm teils aus Müdigkeit von der langen
Fahrt, teils weil das Tor so schmal war, bei der Einfahrt in
die Garage des Gasthauses ein Kotflügel eingedrückt worden.
Nichts Schwerwiegendes, aber es dürfte nicht leicht sein, die
Farbe des Lacks passend zu bekommen. Wir werden den
Wagen zum Karosseriebauer bringen, wenn wir nach München
zurückkehren – um gleich etwaige weitere Unfälle mitzurech-
nen. Unberufen, toi, toi, toi! In Verona werden wir nur für die
Wagenwäsche und das Abschmieren sorgen. Um die Batterie
aufladen zu lassen oder für Reparaturen an der elektrischen
Anlage gibt es in Italien einen Spezialmechaniker, der „elett-
rauto" heißt. Hoffentlich brauchen wir ihn nicht! Mein er-
lauchter Gemahl erwacht. Nun läute ich, um uns sofort das
Frühstück bringen zu lassen.

QUARTA LEZIONE

4

VISITA AD UN'AMICA

6 giugno

Mio marito aveva l'indirizzo d'una sua compagna d'università, che aveva sposato un italiano e viveva a pochi chilometri
da Verona. Dato che si trovava sulla nostra strada e che a lui
sarebbe piaciuto rivederla dopo tanti anni, cogliemmo l'occasione per andarla a trovare.

Ci venne ad aprire una signora molto giovanile e graziosa
Io non potei fare a meno d'esclamare: „È questa la tua vecchia
amica? Non è certo un'amica . . . vecchia!"

La signora sorrise e ci accolse bene, ma non ebbe molto
tempo per noi, perchè la poveretta aveva gli operai in casa.
Già da tempo aveva fissato col tappezziere di rifare i materassi e questi aveva mandato il materassaio proprio la mattina.

Non avevo mai visto questo genere di lavoro. I materassi
erano stati interamente scuciti e le fodere lavate. La lana era
stata bene ammucchiata da una parte per essere aperta e
battuta. Il garzone del materassaio non aveva ancora finito
questo suo compito perchè uno dei materassi non era di pura
lana; vi era stato aggiunto non so quale altro genere d'imbottitura, che ora la signora voleva togliere per fare un mate-

33

rasso più piccolo, ma tutto di lana, per il bambino. Aveva pensato di comperarne uno di gommapiuma, ma io credo che nulla vi sia di meglio della lana pura.

Il garzone apriva i fiocchi di lana ad uno ad uno e poi col battipanni batteva sul mucchio; così la polvere se ne andava e la lana, ben sprimacciata, tornava soffice e pulita. Questo è un lavoro che i più fanno a macchina, ma pare che la cardatura logori di più la fibra della lana. Il materassaio intanto lavorava sopra un grande tavolo improvvisato. Aveva messo due cavalletti uno accanto all'altro e sopra di essi una porta levata dai cardini. Aveva due grandi aghi infilati di refe e con questi ricuciva il materasso, rifaceva i bordi e le impunture, infilando e distribuendo la lana già battuta nella fodera di bucato. Questo lavoro si faceva in giardino e non disturbava molto l'andamento della casa; ma quello che metteva in agitazione la povera donna era un certo guasto che si era verificato nel bagno.

La mattina, svegliandosi, aveva trovato il serbatoio scarico e suo marito era dovuto uscire dopo essersi lavato alla bell'e meglio con un goccio d'acqua che era nella caraffa. Anche la signora era ancora in vestaglia e si scusò d'essere così male in arnese. Ci portò nel bagno e vidi che nella parete c'erano delle larghe chiazze d'umidità. Era un semplice guasto, ma non si doveva trattare d'una cosa semplice.

Infatti di lì a poco arrivò l'idraulico con due operai specializzati: un solo uomo non sarebbe bastato. Erano tutti vestiti delle solite tute blu e portavano a tracolla le casette metalliche cariche di arnesi. Dopo un rapido esame fecero la triste diagnosie: c'era un tubo rotto. Il piccolo contatore ad arresto automatico dello scaldabagno non funzionava più chissà da quando e così la temperatura dell'acqua, anzichè arrestarsi ad un massimo di 90°, spesso era andata oltre ed i tubi non l'avevano sopportato. Inutile disperarsi, ormai, era bell'e fatta!

L'idraulico disse che bisognava cambiare qualche pezzo ed una valvola, poi, si mise a controllare i rubinetti e la doccia e trovò che c'erano dappertutto riparazioni da fare. Si vede proprio che i costruttori della casa avevano lavorato alla carlona! Che via vai in quella casa, dal bagno alla cucina!

Poi cominciò il ronzìo della fiamma ossidrica. Gli uomini lavoravano svelti e in silenzio. Sembrava quasi d'assistere ad un'operazione chirurgica. Tutti gli arnesi passavano veloce-

34

mente fra le loro mani: i metri metallici, il trapano, le tenaglie di varie forme. Viti e fil di ferro stavano in una cassetta a parte, insieme ai martelli di varie misure.

Il bambino pareva incantato; sembrava particolarmente interessato alle chiavi inglesi; forse le credeva un giocattolo nuovo e voleva impadronirsene. Per distrarlo, dato che temevo che si facesse male, gli diedi la scatola di cioccolatini. Avevamo scelto questo dono, buono per tutta la famiglia, piuttosto che comperare un nuovo giocattolo al piccolo che ne ha già tanti. Così anche lui è rimasto soddisfatto e si è messo in un angolo solo soletto a farne una scorpacciata. L'abbiamo distolto sano e salvo da un pericolo per procurargliene un altro: quello d'un'indigestione!

La madre era alquanto preoccupata e innervosita dalla confusione. Aveva l'aria d'essere stanca morta. Perciò, visto che non era il caso di prolungare la visita, la salutammo cordialmente promettendo che saremmo ritornati in un'altra occasione.

Vokabeln

compagna Gefährtin, Genossin
cogliere l'occasione
  d. Gelegenheit benutzen
andare a trovare besuchen
giovanile jugendlich
grazioso anmutig
fare a meno sich enthalten
esclamare ausrufen
accogliere (unreg.)
  empfangen, aufnehmen
operaio Arbeiter
materasso Matratze

intero völlig, ganz
scucire auftrennen
fodera Futter, Bezug
ammucchiare aufhäufen
battere klopfen, schlagen
garzone m. Geselle
compito Aufgabe
aggiungere (unreg.)
  hinzufügen
genere m. Art
imbottitura Füllung,
  Polsterung

gommapiuma Schaumgummi
ad uno ad uno eins nach dem andern
battipanni m. Ausklopfer
mucchio Haufen
sprimacciare aufschütteln
soffice weich
pulito sauber
cardatura Kämmen (der Wolle), Kardätschen
logorare abnützen
fibra Faser
cavalletto Bock, Staffelei
accanto neben
levare wegnehmen, ausheben
cardine m. Türangel
ago Nähnadel
infilare einfädeln
refe m. Zwirn
ricucire wieder (zu-)nähen
bordo Rand
impuntura Steppnaht
di bucato frisch gewaschen
disturbare stören
andamento Gang
agitazione f. Aufregung
guasto Schaden, Defekt
verificarsi passieren
serbatoio Behälter
scarico leer
alla bell'e meglio so gut es geht
goccio Tropfen
vestaglia Morgenrock
essere male in arnese schlecht gekleidet sein
chiazza Flecken
umidità f. Feuchtigkeit
trattarsi sich handeln
apprensione f. Besorgnis, Furcht
tuta Monteuranzug
a tracolla umgehängt
carico voll, gefüllt, beladen
rotto: von *rompere* (unreg.) kaputt

arnese m. Werkzeug, Gerät
contatore m. Zähler
arresto Sperre, Stop
scaldabagno Badeofen
arrestarsi stehenbleiben
tubo Rohr
sopportare ertragen, aushalten
disperarsi verzweifeln
bell'e fatto fix und fertig
valvola Ventil
rubinetto Hahn
doccia Brause, Dusche
dappertutto überall
costruttore Erbauer
alla carlona schlampig
via vai Hin und Her
ronzio Gesumme
fiamma ossidrica Gebläse
svelto flink
silenzio Schweigen
assistere beiwohnen
metro Metermaß
trapano Bohrer
tenaglie f. pl. Zange
vite f. Schraube
fil di ferro Draht
martello Hammer
incantato entzückt
chiave inglese f. Engländer (Schraubenschlüssel)
giocattolo Spielzeug
impadronirsi di sich bemächtigen
distrarre (unreg.) ablenken, zerstreuen
cioccolatino Praline
fare una scorpacciata übermäßig viel essen
distogliere (unreg.) ablenken
sano e salvo wohlbehalten
procurare verschaffen
indigestione f. verdorbener Magen
innervosito nervös geworden
confusione f. Durcheinander
prolungare verlängern

Das Eigenschaftswort (Adjektiv)

Mehrere Eigenschaftswörter, die sich auf dasselbe Hauptwort beziehen, stehen nach diesem:

una cura economica ed efficace
eine billige und wirksame Kur

Bezieht sich ein Eigenschaftswort auf mehrere Hauptwörter verschiedenen Geschlechts, so hat das männliche Geschlecht den Vorrang.

Bei zwei Eigenschaftswörtern, die eine Nationalität bezeichnen, bleibt das erste entweder unverändert oder in Kurzform:

una basilica greco-romana eine griechisch-römische Basilika; *l'accordo commerciale italo-tedesco* (oder *italo-francese* oder *franco-tedesco* oder *anglo-tedesco* usw.,) der deutsch-italienische (oder französisch-italienische oder deutsch-französische oder deutsch-englische) Handelsvertrag

Nach dem Hauptwort stehen Eigenschaftswörter zur Bezeichnung von Nationalität, Religion, Stand, Farbe, Geschmack, Gebrechen, ebenso als Eigenschaftswörter gebrauchte Partizipien und mit einem Umstandswort verbundene Eigenschaftswörter:

un bicchiere rotto ein zerbrochenes Glas; *un paesaggio ridente* eine heitere Landschaft; *una lista stampata* eine gedruckte Liste; *una moneta sonante* eine klingende Münze; *un quadro poco bello* ein wenig schönes Gemälde; *una persona meno simpatica* eine weniger sympathische Person.

Einige Eigenschaftswörter ändern sich in ihrer Bedeutung, je nachdem, ob sie vor oder nach dem Hauptwort stehen:

una cara amica eine liebe Freundin	*un' amica cara* eine teure (kostspielige) Freundin
un nuovo disco eine andere Platte	*un disco nuovo* eine neue Platte
una sola signora eine einzige Dame	*una signora sola* eine alleinstehende Dame
una certa notizia eine gewisse Nachricht	*una notizia certa* eine sichere Nachricht
una grande persona eine (geistig) große Person	*una persona grande* eine (körperlich) große Person
una povera donna eine arme (unglückliche) Frau	*una donna povera* eine arme (bedürftige) Frau
una semplice contadina nur eine Bäuerin	*una contadina semplice* eine einfache Bäuerin
pura lana nur Wolle (z. B. keine Baumwollebeimischung)	*lana pura* reine Wolle

Eine Verstärkung – ähnlich wie im *Superlativo assoluto* – erfährt das Eigenschaftswort durch seine Verdoppelung:

pian piano ganz leise; *adagio adagio* ganz langsam; *solo soletto* mutterseelenallein

oder durch Redewendungen mit zwei verschiedenen Eigenschaftswörtern:

sano e salvo wohlbehalten; *pieno zeppo* gesteckt voll; *stanco morto* todmüde; *magro stecchito* spindeldürr

Zur besonderen Hervorhebung des folgenden Wortes wird auch *bello* mit e verwendet:

bell' e finito fix und fertig; *bell' e arrivato* an Ort und Stelle angekommen; *bell' e morto* mausetot; *bell' e fritto* verloren, blamiert

Einige Redewendungen:

alla buona einfach; *alla carlona* nachlässig; *colle buone* auf freundliche Weise; *colle brusche* auf barsche Weise.

Berufe – mestieri

Apotheker *farmacista*
Arbeiter *operaio*
Arzt *medico*
Bäcker *fornaio*
Bademeister *bagnino*
Barbier *barbiere*
B'umenhändler *fioraio/ fiorista*
Buchbinder *legatore di libri*
Buchdrucker *tipografo*
Buchhändler *libraio*
Buchhalter *contabile*
Chauffeur *autista*
Delikatessenhändler *salumiere*
Drogist *droghiere*
Eisenbahner *ferroviere*
Elektriker *elettricista*

Färber *tintore*
Fischhändler *pescivendolo*
Friseur *parrucchiere*
Gemüsehändler *erbivendolo*
Glaser *vetraio*
Handschuhmacher *guantaio*
Hausmeister *portinaio*
Hilfsarbeiter *manovale*
Holzhacker *spaccalegno*
Hutmacher *cappellaio*
Ingenieur *ingegnere*
Installateur *idraulico*
Juwelier *gioielliere*
Kellner *cameriere*
Klempner *stagnino*
Koch *cuoco*
Konditor *pasticciere*
Korbmacher *panieraio*

Kurzwarenhändler *merciaio*
Laufbursche *galloppino,*
   fattorino
Lehrer *insegnante*
   Volksschullehrer *maestro*
   Oberschullehrer *professore*
Maler (Dekorations-)
   imbianchino
Matratzenmacher *materassaio*
Maurer *muratore*
Mechaniker *meccanico*
Metzger *macellaio*
Milchmann *lattaio*
Müller *mugnaio*
Obsthändler *fruttivendolo*
Optiker *ottico*
Portier *portiere*
Sattler *sellaio*
Schäffler *bottaio*
Scherenschleifer *arrotino*

Schmied *fabbro*
Schneider *sarto*
Schornsteinfeger *spazza-*
   camino
Schreibwarenhändler
   cartolaio
Schuhmacher *calzolaio*
Tabakhändler *tabaccaio*
Tapezierer *tappezziere*
Techniker *tecnico*
Tischler (Kunst-) *ebanista*
Trambahner *tramviere*
Uhrmacher *orologiaio*
Verkäufer *commesso*
Weber *tessitore*
Weinhändler *vinaio*
Wirt *oste*
Zahnarzt *dentista*
Zigarrenarbeiter *sigaraio*
Zimmermann *falegname*

Friseuse *pettinatrice*
Hausangestellte *domestica*
Kindermädchen *bambinaia*
Schneiderin *sarta*

Sekretärin *segretaria*
Stenotypistin *stenodattilo-*
   grafa
Weißnäherin *cucitrice*

4   BESUCH BEI EINER FREUNDIN

   Mein Mann hatte die Adresse einer Studiengefährtin, die einen Italiener geheiratet hatte und wenige Kilometer von Verona entfernt lebte. Da es auf unserem Weg lag und er sich darauf freute, sie nach so vielen Jahren wiederzusehen, benutzten wir die Gelegenheit, sie zu besuchen. Es öffnete uns eine sehr jugendliche und anmutige Dame. Ich konnte nicht umhin auszurufen: „Ist das deine alte Freundin? Sie ist gewiß keine alte Freundin."
   Die Dame lächelte und nahm uns gut auf, doch hatte sie nicht viel Zeit für uns, denn die Ärmste hatte die Arbeiter im Haus. Schon seit langem hatte sie mit dem Tapezierer ausgemacht, die Matratzen aufzufrischen, und dieser hatte den Matratzenmacher gerade am Morgen geschickt.
   Ich hatte noch nie diese Art von Arbeit gesehen. Die Matratzen waren völlig aufgetrennt und die Bezüge gewaschen worden. Die Wolle war gut auf einer Seite aufgehäuft worden, um zerteilt und geklopft zu werden. Der Geselle des Matratzen-

machers hatte diese seine Aufgabe noch nicht beendet, denn eine der Matratzen war nicht nur aus Wolle, es war ich weiß nicht was für eine andere Art von Füllung hinzugefügt worden, die die Dame nun herausnehmen wollte, um eine kleinere Matratze, jedoch ganz aus Wolle, für das Kind machen zu lassen. Sie dachte daran, eine aus Schaumgummi zu kaufen, doch ich glaube, daß es nichts Besseres als reine Wolle gibt.

Der Geselle zerteilte die Wollflocken eine nach der anderen und klopfte dann mit dem Ausklopfer auf den Haufen; so ging der Staub heraus, und die gut aufgeschüttelte Wolle wurde wieder weich und sauber. Dies ist eine Arbeit, die die meisten mit der Maschine machen, doch scheint das Kämmen die Wollfaser mehr abzunützen. Der Matratzenmacher arbeitete inzwischen auf einem großen improvisierten Tisch. Er hatte zwei Böcke nebeneinandergestellt und darüber eine aus den Angeln gehobene Tür gelegt. Er hatte Zwirn in zwei große Nadeln eingefädelt und nähte mit ihnen die Matratzen wieder zu, stellte die Ränder und die Steppnaht wieder her, indem er die bereits geklopfte Wolle in den frisch gewaschenen Bezug steckte und verteilte. Diese Arbeit wurde im Garten gemacht und störte nicht sehr den Ablauf der Tätigkeit im Hause; was aber die arme Frau in Aufregung versetzte, war ein gewisser Schaden, der im Badezimmer eingetreten war.

Am Morgen hatte sie beim Aufwachen den Wasserspeicher leer vorgefunden, und ihr Mann hatte fortgehen müssen, nachdem er sich, so gut es ging, mit einem Tropfen Wasser gewaschen hatte, der noch in der Karaffe gewesen war. Auch die Dame war noch im Morgenrock und entschuldigte sich, weil sie nicht angezogen war. Sie führte uns ins Badezimmer, und ich sah, daß an der Wand große Feuchtigkeitsflecken waren. Es war nur ein geringfügiger Schaden, und doch schien es sich nicht um eine einfache Sache zu handeln.

Tatsächlich kam kurz darauf der Installateur mit zwei Facharbeitern: ein einziger Mann hätte nicht genügt. Sie hatten alle die üblichen blauen Monteuranzüge an und trugen die Metallkästen mit Werkzeugen umgehängt. Nach einer raschen Prüfung stellten sie die traurige Diagnose: es war ein Rohr gebrochen. Der kleine Zähler mit der automatischen Stoppvorrichtung des Badeofens funktionierte nicht mehr, wer weiß wie lange schon, und so war die Wassertemperatur, anstatt bei einem Maximum von 90 Grad stehenzubleiben, häufig darüber hinausgegangen, und die Rohre hatten es nicht ausgehalten. Unnötig, zu verzweifeln, da es nun einmal geschehen war!

Der Installateur sagte, daß ein paar Stücke und ein Ventil ausgewechselt werden müßten; dann prüfte er die Hähne und die Brause und fand, daß überall Reparaturen vorzunehmen waren. Es war zu sehen, daß die Erbauer des Hauses schlampig gearbeitet hatten. Was für ein Hin und Her in diesem Haus, vom Bad in die Küche!

Dann begann das Gesumme des Gebläses. Die Männer arbeiteten flink und schweigsam: es schien fast, als wohne man einer chirurgischen Operation bei. Alle Werkzeuge gingen rasch durch ihre Hände: das Metallmaßband, der Bohrer, die Zangen in verschiedenen Formen. Schrauben und Draht befanden sich in einem eigenen Kasten, zusammen mit Hämmern verschiedener Größen.

Das Kind schien wie verzaubert: es war offensichtlich besonders an den Engländern interessiert, vielleicht hielt es sie für ein neues Spielzeug und wollte sich ihrer bemächtigen. Um es abzulenken, gab ich ihm, da ich fürchtete, es könne sich wehtun, die Pralinenschachtel. Wir hatten dieses Geschenk ausgewählt, da es für die ganze Familie paßte, anstatt ein neues Spielzeug für den Kleinen zu kaufen, der schon so viele hatte. So war auch er zufrieden und setzte sich ganz allein in eine Ecke, um drauflos zu futtern. Wir hatten ihn sicher von einer Gefahr abgelenkt, um ihn in eine andere hineinzuziehen, einen verdorbenen Magen!

Die Mutter war etwas besorgt und nervös von dem Durcheinander. Sie hatte einen Gesichtsausdruck, als wäre sie todmüde. Da wir sahen, daß es nicht angebracht war, den Besuch weiter auszudehnen, verabschiedeten wir uns herzlich von ihr und versprachen, bei einer anderen Gelegenheit wiederzukommen.

QUINTA LEZIONE

5   SPETTACOLO A VERONA

Verona, 8 giugno

Da due giorni ci troviamo a Verona, che è una città veramente bella sotto ogni punto di vista. Ieri sera, poi, siamo andati alla celeberrima Arena per sentire l'Aida di Giuseppe Verdi. Mio marito era uscito nel pomeriggio a fare un giretto da solo perchè io mi sentivo molto stanca. È ritornato verso le sette.

„Metticela tutta, stasera, per farti bella ed elegante", ha detto appena entrato.

„Per quale ragione?" ho chiesto io.

„Per nessuna ragione particolare. Fallo per me!" Voleva

41

tenere per un po' in serbo il segreto, ma non ha resistito e mi ha sventolato sotto il naso i due biglietti per la serata.

Di colpo la mia stanchezza era sparita. Subito ho aperto i rubinetti della vasca per cominciare la mia toeletta con un bel bagno; mio marito, invece, ha preferito una rapida docciatura. Poi ho frizionato i miei capelli con acqua di colonia e ho messo una goccia d'estratto dello stesso profumo alle tempie, al lobo delle orecchie, nell'orlo del vestito e nella scollatura. Ho pulito il viso col tonico, mi sono data la crema sottocipria, mi sono abbondantemente incipriata, poi ho messo il rossetto alle labbra, l'ombretto sugli occhi, che ho ingranditi con un tratto della matita nera e alla fine il rimmel. Poi ho tolto l'eccesso di cipria col fazzoletto di carta, ho ravviato accuratamente i capelli e mi sono contemplata per un po' nello specchio.

Non parevo più io! Avevo messo in pratica tutti i consigli che mi avevano elargito all'Istituto di bellezza quando, prima di partire, acquistai la crema detergente e nutriente, lo smalto per le unghie, il solvente ed il talco. Volevo anche comperare un necessaire per le unghie, ma poi me lo feci regalare da una mia amica, completo di lima, pinzette e forbicine. Di solito io sono un tipo cosiddetto „all'acqua e sapone" e mi ci voleva proprio l'Aida a farmi fare una simile toeletta.

Mi voltai verso mio marito sicura di fare colpo! Infatti non risparmiò i suoi elogi. Ma nemmeno lui pareva più lo stesso! Era tirato a lucido come un damerino. „Secondo me, tu stasera vuoi fare conquiste!" concluse dopo aver fatto i suoi apprezzamenti.

„Dovrei fare sempre cosi", me lo sono ripromessa. „In fondo, del tempo ce ne vuole poco, basta che mi ci abitui."

„Non lo si può negare, debbo riconoscere che tutto sommato sei stata abbastanza svelta! Sei un tesoro di moglie! Anche quel vestitino fatto con le tue mani è delizioso, sembra un modello di Parigi, nessuno direbbe che l'hai confezionato tu stessa! Lascialo addosso anche domani!"

„E delle scarpette che cosa ne dici?" chiesi sollevando una gamba. „Povera me, un punto sta cadendo."

„E lascialo cadere! Che ci vuoi fare?"

„Potrei fermarlo!"

„Guarda che se tardiamo ancora un po' ce ne pentiremo."

„Allora andiamo! Cercherò di non pensarci."

E finalmente siamo usciti.

L'Arena è a due passi dall'Albergo. Com'è noto a tutti, non è il solito teatro a vari ordini di palchi e loggione, con la platea divisa in due settori: poltrone e poltroncine. È il classico circo greco-romano, circondato da gradinate. Il pubblico era foltissimo ed elegante, specialmente nei primi posti.

Quando il direttore è salito sul podio si è fatto un silenzio di tomba. Il palcoscenico è come quello dei grandi teatri con quinte, golfo mistico per l'orchestra, fondale, scenari, sipario e buca del suggeritore. I cantanti sono stati all'altezza della loro fama. Specialmente gli acuti del tenore strappavano applausi. Sia lui che la prima donna hanno dovuto concedere qualche bis. C'era purtroppo un cantante alquanto sfiatato che mi ha fatto più volte temere che prendesse una stecca. Dei tre atti dell'Aida forse il più bello è il primo con la poderosa marcia trionfale, ma è molto bello anche il duetto finale dei due protagonisti.

Gli intervalli non mi sono apparsi affatto lunghi perchè il pubblico che affollava l'anfiteatro e la volta del cielo trapunto di stelle e rischiarata dalla luna costituivano di per se stessi uno spettacolo. E così mi sono tolta anche la voglia di vedere un melodramma italiano nella sua patria d'origine. Dicono che qui l'operetta è quasi sconosciuta ai giovanissimi. Va molto bene il teatro di prosa, ma mio marito non ci capirebbe un gran che. Vorrei però vedere almeno un bel film italiano, in italiano. Dicono che in alcuni cinema i posti di galleria siano considerati i migliori e sono perciò più cari. Speriamo che mio marito si lasci tentare dal desiderio di vedere le belle dive dello schermo italiano. Per apprezzare quelle non c'è bisogno di essere poliglotti!

Vokabeln

punto di vista Gesichtspunkt
giretto kleinerer Rundgang
metterla daransetzen
tenere in serbo in Verwahrung halten, zurückhalten
segreto Geheimnis
resistere widerstehen
sventolare schwenken
serata Abend (Abendvorstellung)
di colpo mit einem Schlag
sparire verschwinden
vasca Badewanne
docciatura Abbrausen
frizionare abreiben
estratto Extrakt
tempia Schläfe
lobo Ohrläppchen
orlo Saum
scollatura Ausschnitt
incipriare pudern
labbra f. pl. Lippen
ingrandire vergrößern
tratto Strich
eccesso Übermaß, Überschuß
ravviare ordnen
contemplare betrachten
elargire freigebig austeilen
unghia (Finger-) Nagel
fare colpo Eindruck machen
elogio Lob
essere tirato a lucido auf Hochglanz gebügelt (Umgangssprache)
damerino Geck, Stutzer
conquista Eroberung
concludere (unreg.) folgern
apprezzamento Werturteil
in fondo im Grunde
tutto sommato alles in allem
tesoro Schatz, Perle
confezionare herstellen
sollevare hochheben
punto Masche

cadere (unreg.) fallen
tardare zögern
pentirsi di bereuen
ordine m. Reihe
palco Loge
loggione m. Galerie (Theater)
platea Parkett
settore m. Abteilung
poltrona Sperrsitz
poltroncina numerierter Sitz
circo Zirkus
circondato umgeben
gradinata Stufen, Treppe
folto dicht
direttore d'orchestra Dirigent
podio Podium
tomba Grab
palcoscenico Bühne
quinta Kulisse (Seiten-)
golfo mistico Versenkung für das Orchester
fondale Hintergrund
scenario Kulisse
sipario Vorhang
buca del suggeritore Souffleurkasten
acuto hoher Ton
strappare applausi Beifall hervorrufen
fare (concedere) il bis eine Dreingabe machen, wiederholen
sfiatato ausgeschrien
prendere una stecca mit der Stimme überschnappen
atto Akt
poderoso mächtig
marcia trionfale Triumphmarsch
protagonista m./f. Hauptdarsteller
intervallo Pause
apparire erscheinen, vorkommen

non...affatto durchaus nicht	*teatro di prosa* Schauspiel
affollare dicht füllen	*considerare* halten für
anfiteatro Amphitheater	*tentare* versuchen
volta Gewölbe, Bogen	*schermo* Filmleinwand
trapunto übersät	*apprezzare* schätzen
rischiarare erhellen	*poliglotta m./f.* vielsprachig

Persönliche Fürwörter (Personalpronomen)

Das persönliche Fürwort darf bei *stesso* = „selbst" nie weggelassen werden:

L'ho detto *io stesso*. Ich selbst habe es gesagt.

Nach *come, quanto, secondo* gebraucht man das Fürwort im 4. Fall anstatt im 1. Fall:

Sono istruito *come te*. Ich bin so gebildet wie du.

Tu sai *quanto me*. Du weißt soviel wie ich.

Secondo te sarebbe un errore. Dir zufolge wäre es ein Irrtum.

Dasselbe gilt für die Verben *essere, sembrare, parere*:

Non sembra *più lui* da quando ha avuto quella malattia. Er scheint nicht mehr derselbe zu sein, seit er jene Krankheit gehabt hat.

Ebenso in Ausrufesätzen (ohne Verb):

Beato te! Du Glücklicher! *Povera me!* Ich Ärmste!

A u s n a h m e : Non sono (sembro) *più io*.

Ich bin (scheine) nicht mehr ich (derselbe).

Bei anche, neanche, nemmeno werden in der 3. Person die Formen des 4. Falles verwendet, also:

Nemmeno lui è riuscito ad aprire la scatola.

Nicht einmal ihm ist es geglückt, die Dose zu öffnen.

Bei den unbetonten Fürwörtern, den sog. *Affissi,* ist zu merken, daß die von *lasciare* und *fare* abhängigen bei diesen Verben stehen und nie an den folgenden Infinitiv angehängt werden dürfen:

Prima di sfrattarlo *fallo venire* e ascolta le sue ragioni. Bevor du ihn hinauswirfst, laß ihn kommen und höre seine Gründe an.

Vedrai se *lo lasci parlare* ti spiegherà ogni cosa. Du wirst sehen, wenn du ihn reden läßt, wird er dir alles erklären.

Bei den modalen Hilfsverben *dovere, potere, sapere, volere* kann das unbetonte Fürwort vor diesen stehen oder an den folgenden Infinitiv angehängt werden:

Non ho potuto finir*lo* per tempo – oder: Non *l'ho* potuto finire. Ich konnte es nicht rechtzeitig beenden.

45

Trifft ein *si* in der Bedeutung von „man" mit einem Affisso zusammen, so wird *si* nachgestellt:

Non *lo si* crederebbe, se non si avessero le prove. Man würde es nicht glauben, hätte man nicht die Beweise.

Hat *si* jedoch die Bedeutung „sich", so gilt die übliche Regel der doppelten Pronominalartikel, d. h. es steht *vor* dem Affisso in der 3. Person:

Se lo è detto tante volte.
Er hat es sich so oft (viele Male) gesagt.

ci und *vi* „dort, dorthin" stehen *vor* den Affissi der 3. Person und werden dann zu *ce* und *ve*:

Ce lo manderà. Er wird es hinschicken.

Bei rückbezüglichen Verben steht es *vor* dem rückbezüglichen *si*, aber *nach* den übrigen rückbezüglichen Fürwörtern:

abituarcisi sich daran gewöhnen

mi ci abituo	noi ci si abitua (besser als vi ci abituiamo)
ti ci abitui	vi ci abituate
ci si abitua	ci si abituano

(Hier bleibt also das *i* der persönlichen Fürwörter.)

ne = „davon" steht jedoch immer *nach* den rückbezüglichen Fürwörtern (wobei deren *i* zu *e* wird):

pentirsene es bereuen

me ne pento	ce ne pentiamo
te ne penti	ve ne pentite
se ne pente	se ne pentono

Eine Reihe von **Redewendungen** hat ein unpersönliches *la*, das sich auf ein nicht ausgedrücktes Hauptwort, meist *cosa*, bezieht. Diese *modi di dire* sind besonders wichtig, weil sie typisch italienisch sind und weil sie häufig gebraucht werden:

darla a bere einen Bären aufbinden, weismachen
farla grossa etwas anstellen, eine Dummheit begehen
darsela a gambe sich davonmachen, aus dem Staube machen
capirla Vernunft annehmen, begreifen
svignarsela sich drücken, aus dem Staub machen
passarla liscia glimpflich, mit einem blauen Auge davonkommen
pagarla salata schwer büßen müssen
prendersela con qn. jemandem böse sein, etwas übelnehmen
saperla lunga es faustdick hinter den Ohren haben
spuntarla etwas durchsetzen
cavarsela durchkommen
passarsela leben, sich befinden
legarselo al dito hinter die Ohren schreiben, nicht vergessen
farla finita ein Ende machen
darla vinta nachgeben

Toilettenartikel – articoli da toeletta

Alaun *l'allume*
Badesalz *i sali da bagno*
Bimsstein *la pietra pomice*
Brillantine *la brillantina*
Bürste *la spazzola*
Enthaarungskrem *la crema depilatoria*
Enthaarungswachs *la ceretta depilatoria*
Feile *la lima*
Gesichtswasser *la lozione astringente, il tonico*
Gesichtsmilch *il latte di bellezza*
Haarklemme *la molletta*
Haarnadel *la forcella*
Haarnetz *la reticella*
Haarwasser *la lozione per i capelli*
Haarwickel *i bigodini*
Kamm *il pettine*
Kölnisches Wasser *l'acqua di Colonia, la colonia*
Kosmetika *i cosmetici*
Krem *la crema*
  Deckkrem *la crema sottocipria*
  Nachtkrem *la crema da notte*
  Nährkrem *la crema nutriente*
  Reinigungskrem *la crema detergente*
  Tageskrem *la crema da giorno*
Lackentferner *il solvente*
Leukoplast *il cerotto*

Lidschatten *l'ombretto*
Lippenstift *il rossetto*
Mundwasser *il collutorio*
Nagellack *lo smalto*
Nagelschere *le forbicine*
Parfüm *il profumo*
Pinzette *la pinzetta*
Puder *la cipria*
Puderdose *il portacipria*
Puderquaste *il piumino*
Rasierapparat *il rasoio di sicurezza*
Rasierkrem *la crema da barba*
Rasierklinge *la lametta da barba*
Rasiermesser *il rasoio*
Rasierpinsel *il pennello da barba*
Rasierseife *il sapone da barba*
Rasierwasser *la lozione per dopo barba*
Schere *le forbici*
Schönheitsmittel *il prodotto di bellezza*
Schwamm *la spugna*
Seife *il sapone*
Spiegel *lo specchio*
Talkumpuder *il talco*
Tonikum *il tonico*
Taschenspiegel *lo specchietto*
Watte *l'ovatta*
Wimperntusche *il rimmel*
Zahnbürste *lo spazzolino da denti*
Zahnpaste *la pasta dentifricia*

47

Seit zwei Tagen befinden wir uns in Verona, das wirklich in jeder Hinsicht eine schöne Stadt ist. Gestern abend gingen wir in die hochberühmte Arena, um die „Aida" von Giuseppe Verdi zu hören. Mein Mann war am Nachmittag fortgegangen, um allein einen kleinen Rundgang zu machen, weil ich mich sehr müde fühlte. Er kam gegen 7 Uhr zurück.

„Setz alles daran, dich heute abend schön und elegant zu machen", sagte er, als er kaum eingetreten war.

„Aus welchem Grunde?" fragte ich.

„Aus keinem besonderen Grund. Tu's für mich." Er wollte das Geheimnis noch ein wenig hüten, doch er brachte es nicht fertig (hat nicht widerstanden) und schwenkte die beiden Karten für den Abend vor meiner Nase.

Mit einem Schlag war meine Müdigkeit verschwunden. Sofort öffnete ich die Hähne der Badewanne, um meine Toilette mit einem schönen Bad zu beginnen; mein Mann zog dagegen ein rasches Abbrausen vor. Dann rieb ich meine Haare mit Kölnisch Wasser ein und tat einen Tropfen Parfüm des gleichen Duftes auf die Schläfe, auf das Ohrläppchen, an den Saum des Kleides und in den Ausschnitt. Ich säuberte das Gesicht mit Gesichtswasser, legte Deckkrem auf, puderte mich reichlich, dann legte ich Rouge auf die Lippen, den Lidschatten auf die Augen, die ich mit einem Strich des Augenbrauenstiftes vergrößerte, und zum Schluß die Wimperntusche. Dann nahm ich den Überschuß an Puder mit dem Papiertuch weg, ordnete sorgfältig die Haare und betrachtete mich kurz im Spiegel.

Ich schien nicht mehr dieselbe wie vorher! Ich hatte alle Ratschläge in die Praxis umgesetzt, die man mir im Schönheitssalon freigebig erteilt hatte, als ich vor der Abreise die Reinigungs- und Nährkrem, den Nagellack und Lackentferner sowie den Talkpuder kaufte. Ich wollte mir auch ein Nagelnecessaire kaufen, doch dann ließ ich es mir von einer Freundin schenken, komplett mit Feile, Pinzetten und kleinen Scheren. Gewöhnlich bin ich ein sogenannter „Wasser-und-Seife-Typ", und es war wirklich die „Aida" nötig, um mich zu einer solchen Toilette zu veranlassen.

Ich wandte mich zu meinem Mann in der Gewißheit, Eindruck zu machen. In der Tat sparte er nicht mit Lob. Doch sogar er schien nicht mehr derselbe. Er war auf Hochglanz poliert wie ein Stutzer. „Meiner Meinung nach willst du heute abend Eroberungen machen", folgerte er, nachdem er seine Anerkennung ausgesprochen hatte. „Ich müßte es immer so machen", antwortete ich. „Im Grunde genommen braucht man wenig Zeit dazu. Es genügt, daß ich mich daran gewöhne."

„Das läßt sich nicht leugnen, ich muß zugeben, daß du alles in allem ziemlich flink warst. Du bist eine Perle von Ehefrau. Auch das Kleidchen, das du eigenhändig gemacht hast, ist reizend, es sieht wie ein Pariser Modell aus, niemand würde sagen, daß du es selbst genäht hast! Laß es auch morgen an!"

„Und was sagst du zu meinen Schuhen?" fragte ich und hob ein Bein. „Oh, ich Ärmste, eine Masche fällt!"

„So laß sie fallen. Was willst du dagegen tun?"

„Ich könnte sie aufnehmen."

„Paß auf, wenn wir noch etwas zögern, werden wir es bereuen." – „Also dann gehen wir. Ich will versuchen, nicht daran zu denken." Und endlich gingen wir.

Die Arena ist ein paar Schritte vom Hotel entfernt. Wie allgemein bekannt, ist es nicht das übliche Theater mit verschiedenen Rängen von Logen und der Galerie, mit dem in zwei Abteilungen geteilten Parkett: Sperrsitz und numerierten Plätzen. Es ist der klassische griechisch-römische Zirkus, mit umlaufenden Stufen.

Das Publikum war sehr zahlreich (dicht gedrängt) und elegant, vor allem auf den besten Plätzen. Als der Dirigent auf das Podium stieg, wurde es grabesstill. Die Bühne ist eingerichtet wie die der großen Theater, mit Kulissen, der Versenkung für das Orchester, Hintergrund, Dekorationen, Vorhang und Souffleurkasten. Die Sänger waren auf der Höhe ihres Rufes. Vor allem die hohen Töne des Tenors riefen Beifall hervor; sowohl er als die Primadonna mußten einige Wiederholungen zugeben. Leider war ein etwas ausgeschrieener Sänger da, der mich mehrmals befürchten ließ, daß er mit der Stimme überschnappen würde. Von den drei Akten der „Aida" ist vielleicht der erste mit dem mächtigen Triumphmarsch der schönste, doch sehr schön ist auch das Schlußduett der beiden Hauptdarsteller.

Die Pausen erschienen mir gar nicht lang, weil das Publikum, das die Stufen dicht füllte, und das mit Sternen übersäte und vom Mond erhellte Himmelsgewölbe ein Schauspiel für sich darstellten. Und so wurde auch mein Verlangen befriedigt, eine italienische Oper in ihrem Ursprungsland zu sehen. Es heißt, daß hier die Operette bei den ganz Jungen fast unbekannt ist. Das Schauspiel ist sehr beliebt (geht sehr gut), doch mein Mann würde nicht viel davon verstehen. Ich möchte jedoch wenigstens einen schönen italienischen Film auf italienisch sehen. In einigen Kinos sollen die Galerieplätze die besten sein und sind daher teurer. Hoffentlich läßt sich mein Mann von dem Wunsch verleiten, die schönen italienischen Diven des Films zu sehen. Um diese zu schätzen, braucht man nicht polyglott (vielsprachig) zu sein!

SESTA LEZIONE

6

BOLOGNA E LA CUCINA

Bologna, 10 giugno

Siamo a Bologna, detta la città „dotta" e la città „ghiotta".
Infatti essa è celebre in tutto il mondo per la sua antichissima
università e per la sua gustosissima cucina. I negozi di generi
alimentari, a Bologna, costituiscono non solo una tentazione
per un peccato di gola, ma anche uno spettacolo che rallegra
la vista! Senza dire che la cucina emiliano-romagnola in genere
ha ispirato in tutti i tempi addirittura poeti, pittori e musicisti!

È incredibile come i salumieri, con mortadelle, prosciutti,
salami, cotechini, zamponi ecc. riescano a trasformare le loro
vetrine in artistiche nature morte! E la stessa abilità la dimo-
strano i macellai, i pizzicagnoli, i fornai ecc. Anche le pastic-
cerie sono assai eleganti e ben fornite, ma trovo che in questo
campo, ad eccezione dei gelati, che in Italia sono squisiti, noi
siamo superiori, tanto più che i dolciumi in Italia sono (incredibile a dirsi!) piuttosto salati – in quanto al prezzo!

Ricordo d'aver visto una macelleria del centro la cui vetrina
era qualcosa di spettacoloso. Facevano da sfondo quattro mezzi
buoi, al centro della vetrina era un bell'arrosto arrotolato e già
condito con sale e rosmarino, a cui non mancava altro che
essere messo nel forno, tutt'attorno erano bistecche ben tagliate
e allineate, sulle mensole laterali erano filetti, cosce ed altri
bei pezzi di carne, dall'alto pendevano polli, anitre, fagiani,
tacchini, tutti con qualche penna, lasciata a scopo decorativo,
e nel centro, un grappolo di lepri, pernici, quaglie e altri
uccelli, autentica tentazione di coloro che apprezzano la
selvaggina.

Squisiti è svariatissimi in Italia sono anche i formaggi. Le
grosse forme di „parmigiano" spiccano in molte vetrine ché
il parmigiano è il tipico e, direi, classico formaggio italiano che
accompagna immancabilmente l'altrettanto nota pastasciutta.

Inutile dire che nei giorni che passeremo a Bologna cadremo

50

spesso in tentazione e a mio rincrescimento ho notato di essere già un po' ingrassata. A nostra discolpa però devo dire che viaggiando e girando l'appetito aumenta irresistibilmente. Del resto, entrando in queste trattorie, mettono a tua disposizione tanta grazia di Dio che, da parte mia, credo che non si possa proprio rinunciare ad assaggiare un po' di tutto. I gestori delle trattorie, poi, come ci sanno fare! „Se Lei fosse mio amico mi permetterei di consigliarle le mie lasagne. Assaggi questo stufato, è la mia specialità, assaggi questa torta, è una ricetta mia!"

Come si fa a dire di no? Se mio marito me l'avesse raccontato non ci avrei creduto e gli avrei detto: „Sei il solito ghiottone!" ma ho sentito colle mie proprie orecchie e visto coi miei propri occhi:

Tra l'altro, ieri sera, il padrone del locale in cui abbiamo cenato, si è avvicinato a noi con aria di mistero, portando una bottiglia che aveva tratto da un ripostiglio: „Ecco qui per voi, sposini novelli, quello che ci vuole per spegnere la sete e accendere i cuori! È Albano, un vino del 1940, che tengo in serbo per gli ospiti che mi riescono più simpatici!"

A dirla fra di noi, io credo che questa sia una frase che dice a tutti, ma il fatto sta che si trattava veramente d'un vino ottimo, come altri vini che abbiamo assaggiato altre volte. Ricordo il Chianti, il Sangiovese, il Verdicchio, il Barbera, il Grignolino, il Valpolicella, il Moscato, il Bardolino e tanti altri che solo a ripensarne i nomi mi gira la testa.

Ma torniamo piuttosto alla cucina bolognese. Tra le minestre, per quel che mi riguarda, preferisco i tortellini in brodo. Mi sono anche fatta dare la ricetta classica. Eccola: In un chilo di farina si spezzano nove uova e si manipola a lungo la pasta fino a che diventi liscia e non troppo soda. Poi la si mette sul tagliere e si tira col mattarello fino a farne una sfoglia sottile come un foglio di carta. Si ritaglia la sfoglia in quadrati o tondi con uno stampino apposito. In essi si pone una punta di ripieno, chiudendoli poi con un movimento particolare attorno all'indice che bisogna aver seguito coi propri occhi per impararlo. Il ripieno è composto di prosciutto, formaggio parmigiano, carne di vitello, lombo di maiale, a volte anche di un po' di salsiccia o petti di piccione, il tutto passato due volte al tritacarne e impastato con uovo. È un piatto lungo e difficile a farsi, ma le massaie locali fanno la sfoglia in un baleno.

Ottimi tortellini si trovano quasi presso tutti i fornai. Questi sono anche celebri per il loro pane. Sopratutto a Ferrara. Quante qualità e quanti formati! E come è diverso dal nostro pane!

Ora si comprano fatte anche le minestre, come le tagliatelle, i quadrettini ecc. Maccheroni, spaghetti e vermicelli sono piuttosto una gloria napoletana e là vengono conditi con molto pomodoro. Qui c'è invece un famoso ragù alla bolognese. Tra le pietanze ricordo lo stracotto che è un pezzo di coscia di bue, cotto lentamente per sei ore con vino rosso, sugo di carote, sedano, cannella, chiodi di garofano, lardo, burro. Per contorno funghi o tartufi che appaiono assai di frequente nella cucina bolognese e in quelle ricette personali del musicista Gioacchino Rossini.

Vokabeln

dotto gelehrt
ghiotto feinschmeckerisch, lüstern
gustoso schmackhaft
generi alimentari Lebensmittel
costituire bilden, ausmachen
tentazione Versuchung
peccato Sünde
gola Kehle, Gefräßigkeit
rallegrare, erfreuen, erheitern
vista Blick
addirittura geradezu
piacevole angenehm
sorprendere (unreg.) überraschen
incredibile unglaublich
salumiere Wurst-, Delikatessenhändler
trasformare verwandeln
natura morta Stilleben
abilità Geschicklichkeit
dimostrare beweisen
pizzicagnolo Delikatessenhändler
pasticceria Konditorei
fornito ausgestattet

campo Feld, Gebiet
eccezione Ausnahme
squisito vortrefflich
superiore überlegen
spettacoloso aufsehenerregend
sfondo Hintergrund
arrotolato zusammengerollt
condire würzen
forno Ofen, Herd
attorno um...herum
tagliare schneiden
allineare aneinanderreihen
mensola Konsole
coscia Schenkel, Keule
pendere (unreg.) hängen
anitra Ente
fagiano Fasan
tacchino Truthahn
grappolo Traube, Bündel
lepre f. Hase
pernice f. Rebhuhn
quaglia Wachtel
selvaggina Wildbret
svariato verschieden, vielfältig
spiccare hervorstechen
immancabile unfehlbar
ingrassare dicker werden

discolpa Entlastung, Entschuldigung
irresistibile unwiderstehlich
grazia di Dio Gottesgabe, Fülle an Dingen
assaggiare versuchen, kosten
gestore Geschäftsführer, Verwalter
lasagna breite Nudel
stufato gedämpftes Fleisch
ricetta Rezept
avvicinarsi näherkommen, herantreten
aria Miene
mistero Geheimnis
ripostiglio Aufbewahrungsort
trarre (unreg.) herausnehmen
sposini novelli Neuvermählte
spegnere (unreg.) löschen
accendere (unreg.) anzünden
tener in serbo aufbewahren, zurückbehalten
girare la testa schwindlig werden
piuttosto lieber
riguardare betreffen
tortellini m. Fleisch gefüllte Nudeln (Art Maultaschen)
spezzare zerbrechen
manipolare kneten, bearbeiten

pasta Teig
liscio glatt
sodo fest
tagliere m. Wiegebrett, Nudelbrett
mattarello Nudelwalker
sfoglia blattdünner Teig
sottile dünn
stampino kl. Form zum Ausstechen
apposito eigen, besondere
ripieno Füllung
movimento Bewegung
indice m. Zeigefinger
comporre (unreg.) zusammensetzen
lombo Lende
petto Brust
piccione m. Taube
tritacarne m. Fleischwolf
impastare zu Teig machen, kneten
massaia Hausfrau
in un baleno im Nu
vigilia Vortag
tagliatella Nudelart
gloria Ruhm
pietanza Gericht, Gang
stracotto Keule
sugo Saft

Besitzanzeigende Fürwörter (Possessivpronomen)

Das besitzanzeigende Fürwort steht ohne Artikel:

1) vor einem prädikativen Hauptwort:

> Se tu fossi *mio amico* te lo direi.
> Wenn du mein Freund wärst, würde ich es dir sagen.

2) wenn es selbst Prädikat ist:

> Questo libro è *suo*. Dieses Buch gehört ihm.

3) vor einem Hauptwort als Beifügung:

> Permetta che le presenti il dott. Forti, *mio compagno di scuola*. Gestatten Sie, daß ich Ihnen Dr. Forti, meinen Schulfreund, vorstelle.

Gewisse Redewendungen mit einer Präposition haben ebenfalls keinen Artikel:

a mio rincrescimento zu meinem Bedauern
a nostro favore zu unseren Gunsten
a mio nome auf meinen Namen
a tua disposizione zu deiner Verfügung
per sua fortuna zu seinem Glück
da (per) parte mia meinerseits
in suo onore ihm zu Ehren
per conto nostro für unsern Teil, unseretwegen, auf unsere Rechnung
a sua insaputa ohne sein Wissen
di tua testa nach deinem eigenen Kopf
per amore suo ihm zuliebe
per colpa nostra durch unsere Schuld

Bei rückbezüglichen Verben wird das damit in Zusammenhang stehende Hauptwort gewöhnlich ohne besitzanzeigendes Fürwort verwendet:
Si levi *i guanti.* Ziehen Sie Ihre Handschuhe aus.

Bisweilen wird das besitzanzeigende Fürwort durch *proprio* verstärkt:
L'ho visto coi *miei propri occhi*
Ich habe es mit (meinen) eigenen Augen gesehen.

Gemüse – verdura

Blumenkohl *il cavolfiore*
Bohne (grün) *il fagiolino*
Erbse *il pisello*
Gurke *il cetriolo*
Karotte, Möhre *la carota*
Kartoffel *la patata*
Knoblauch *l'aglio*
Kohl, Kraut *il cavolo*
Kohlrabi *il cavolo-rapa*
Kopfsalat *la lattuga,*
    la cappuccia
Meerrettich, Kren *il cren*
Paprika, span. Pfeffer
    il peperone

Petersilie *il prezzemolo*
Porree *il porro*
Radieschen *il ravanello*
Rosenkohl *il cavolo di Bruxelles*
rote Rübe (Beete)
    la barbabietola rossa
Rübe *la rapa*
Schwarzwurzel *la scorzonera*
Sellerie *il sedano*
Spargel *gli asparagi*
Spinat *gli spinaci*
Tomate *il pomodoro*
Wirsing *il cavolo verza*
Zwiebel *la cipolla*

Lebensmittel – alimentari
Nahrungsmittel – commestibili
Gewürze – droghe (spezie)

Anschovis *l'acciuga*
Bohnen (weiße) *i fagioli*
Butter *il burro*
Erbsen (getrocknet) *i ceci*
Essig *l'aceto*
Fadennudeln *i vermicelli*
Gewürznelke *il chiodo di garofano*
Grieß *il semolino*
Haferflocken *i fiocchi d'avena*
Hering *l'aringa*
Käse *il formaggio*
Linsen *le lenticchie*
Majoran *l'origano*
Mehl *la farina*
Mixed Pickles *i sottaceti (la giardiniera)*
Mortadellawurst *la mortadella*
Muskatnuß *noce moscata*
Öl *l'olio*
Oliven *le olive*
Parmesankäse *il parmigiano*

Pfeffer *il pepe*
Reis *il riso*
Rosmarin *il rosmarino*
Salbei *la salvia*
Salamiwurst *il salame*
Salz *il sale*
Sardelle *la sardella*
Sardine *la sardina*
Schinken *il prosciutto*
Schlackwurst *il cotechino*
Schokolade *il cioccolato*
Schweizerkäse *lo svizzero, il groviera*
Senf *la senapa, la mostarda*
Speck *il lardo*
Süßwaren *i dolciumi*
Teigwaren (Nudeln) *la pasta*
Trüffel *il tartufo*
Vanille *la vainiglia*
Wurst *la salsiccia*
Zimt *la cannella*
Zucker *lo zucchero*

6   BOLOGNA UND DIE KÜCHE

Wir sind in Bologna, das die „gelehrte" und die „feinschmeckerische" Stadt genannt wird. Es ist in der Tat in der ganzen Welt berühmt wegen seiner uralten Universität und seiner vorzüglichen Küche. Die Lebensmittelgeschäfte in Bologna bilden nicht nur eine Versuchung zu einer Sünde des Gaumens, sondern auch ein Schauspiel, das das Auge erfreut. Es versteht sich, daß die Küche der Emilia-Romagna gewöhnlich zu allen Zeiten die Dichter, Maler und Musiker geradezu inspirierte!

Es ist unglaublich, wie es den Wursthändlern gelingt, mit Mortadella, Schinken, Würsten, Schlackwurst, Schweinsfüßen usw. ihre Schaufenster in künstlerische Stilleben zu verwandeln. Und dieselbe Geschicklichkeit beweisen die Metzger, die

Delikatessenhändler, die Bäcker usw. Auch die Konditoreien sind sehr elegant und gut eingerichtet, aber ich finde, daß wir auf diesem Gebiet, außer beim Eis, das in Italien vortrefflich ist, überlegen sind, um so mehr als die Süßigkeiten in Italien, so unglaublich es klingt, ziemlich gesalzen sind – was den Preis betrifft!

Ich erinnere mich, im Zentrum eine Metzgerei gesehen zu haben, deren Schaufenster aufsehenerregend war. Den Hintergrund bildeten vier halbe Ochsen, in der Mitte des Schaufensters war ein schöner gerollter und bereits mit Salz und Rosmarin gewürzter Braten, der nur noch in den Herd geschoben zu werden brauchte, darum herum lagen Beafsteaks, schön geschnitten und aneinandergereiht, auf den Seitenkonsolen waren Filets, Keulen und andere schöne Fleischstücke, von oben hingen Hühner, Enten, Fasanen, Truthähne herab, alle mit ein paar Federn, die zu Dekorationszwecken übriggelassen waren, und in der Mitte ein Bündel Hasen, Rebhühner, Wachteln und andere Vögel, eine echte Versuchung für die, die das Wildbret schätzen.

Vortrefflich und sehr vielfältig sind in Italien auch die Käse. Die großen Formen des Parmesankäses stechen in vielen Schaufenstern hervor, denn der Parmesankäse ist der typische und, ich möchte sagen, der klassische italienische Käse, der unfehlbar die gleichfalls bekannte „pastasciutta" (Teigwaren) begleitet.

Überflüssig zu sagen, daß wir an den Tagen, die wir in Bologna verbringen werden, häufig in Versuchung kommen werden, und zu meinem Bedauern habe ich festgestellt, daß ich schon ein wenig dicker wurde. Zu unserer Entschuldigung muß ich jedoch sagen, daß durch das Reisen und Herumlaufen der Appetit unwiderstehlich zunimmt. Im übrigen wird einem, wenn man diese Gasthäuser betritt, eine solche Fülle von guten Dingen zur Verfügung gestellt, daß ich meinerseits glaube, daß man wirklich nicht darauf verzichten kann, ein wenig von allem zu versuchen.

Und dann, wie geschickt sind (verstehen es) die Geschäftsführer der Gasthäuser! „Wären Sie mein Freund, würde ich mir gestatten, Ihnen meine Lasagne zu empfehlen. Versuchen Sie dieses gedünstete Fleisch, es ist eine meiner Spezialitäten, versuchen Sie diese Torte, es ist mein eigenes Rezept."

Wie kann man da nein sagen? Hätte mein Mann es mir erzählt, hätte ich nicht daran geglaubt und hätte zu ihm gesagt: „Du bist ein Schlemmer, wie üblich!", doch ich habe es mit eigenen Ohren gehört und mit eigenen Augen gesehen.

Übrigens kam gestern abend der Besitzer des Lokals, in dem wir zu Abend aßen, mit geheimnisvoller Miene zu uns herüber

und brachte eine Flasche, die er aus der Vorratskammer geholt hatte: „Hier für Sie, Jungvermählte, was man braucht, um den Durst zu löschen und die Herzen zu entzünden! Es ist Albano, ein Wein aus dem Jahr 1940, den ich für die Gäste aufbewahre, die mir am sympathischsten sind!"

Unter uns gesagt, ich glaube, daß dies ein Satz ist, den er zu allen sagt, Tatsache ist jedoch, daß es sich wirklich um einen ausgezeichneten Wein handelte, wie bei anderen Weinen, die wir schon früher versucht hatten. Ich erinnere mich an den Chianti, den Sangiovese, den Verdicchio, den Barbera, den Grignolino, den Valpolicella, den Moscato, den Bardolino und viele andere, so daß mir schon, wenn ich nur an die Namen denke, schwindlig wird.

Doch kehren wir lieber zur Bologneser Küche zurück. Unter den Suppen ziehe ich, was mich betrifft, die Tortellini in Fleischbrühe vor. Ich ließ mir auch das klassische Rezept geben. Hier ist es: In ein Kilo Mehl werden neun Eier geschlagen, und der Teig wird solange geknetet, bis er glatt und nicht fest ist. Dann legt man ihn auf das Nudelbrett und walkt ihn mit dem Nudelwalker solange aus, bis man einen Teig erhält, der so dünn ist wie ein Papierblatt. Dann schneidet man den Teig mit einer besonderen Form in Quadrate oder runde Stücke. Man tut eine Prise (Spitze) Füllung in sie hinein und macht sie mit einer bestimmten Bewegung um den Zeigefinger zu, der man selbst zugesehen haben muß, um sie zu lernen. Die Füllung besteht aus Schinken, Parmesankäse, Kalbfleisch, Schweinelende, manchmal auch ein wenig Wurst oder Taubenbrust, alles zweimal durch den Fleischwolf gedreht und mit Ei verknetet. Es ist ein langwieriges und schwierig zu bereitendes Gericht, doch die einheimischen Hausfrauen machen den dünnen Teig im Nu.

Man findet ausgezeichnete Tortellini fast bei allen Bäckern. Diese sind auch berühmt wegen ihres Brotes. Vor allem in Ferrara. Wie viele Sorten und Formen! Und wie verschieden ist es von unserem Brot! Jetzt kauft man auch die Suppen fertig wie die Tagliatelle, die Quadrettini usw. Makkaroni, Spaghetti und Fadennudeln sind eher ein Ruhmesblatt von Neapel, und dort werden sie mit viel Tomaten angerichtet. Hier gibt es hingegen ein bekanntes Ragout auf Bologneser Art. Von den Hauptgerichten erinnere ich mich an den „stracotto", das ist ein Stück Ochsenlende, sechs Stunden langsam gekocht mit Rotwein, Karottensaft, Sellerie, Zimt, Gewürznelken, Speck, Butter. Als Beilage Pilze oder Trüffel, die in der Bologneser Küche und in den persönlichen Rezepten des Musikers Gioacchino Rossini sehr häufig auftauchen.

SETTIMA LEZIONE

7

A SPASSO PER BOLOGNA

Bologna, 11 giugno

Abbiamo passato tutta la giornata a zonzo per Bologna. È una simpatica città che unisce l'antico al moderno senza bruschi contrasti. La Piazza Maggiore è medioevale: una delle più belle d'Italia, col Palazzo Re Enzo, il Palazzo del Podestà, la Basilica di San Petronio e la Fontana di Nettuno del Giambologna. Poco lontane sono le Due Torri, dette, dal nome delle famiglie che le fecero innalzare, Asinelli e Garisenda. Sono veramente molto interessanti e ci siamo fatti venire il torcicollo a furia di stare a naso all'aria a contemplarle. Dall'alto di esse, poi, si gode di un bellissimo panorama.

Quando siamo scesi di lassù era ancora abbastanza presto e così abbiamo percorso la lunga via che dalle Due Torri va in direzione di Modena. È proprio il cuore di Bologna. Ci sono vetrine molto piacevoli a guardarsi. A un certo punto ci siamo trovati davanti ad un bellissimo negozio di cucine all'americana: caspita, che varietà e quanti colori! Quando tornerò a Monaco comprerò qualcosa del genere per la nostra casa.

Si tratta di cucine in cui, volendo, si potrebbero anche

ricevere gli amici: ogni loro elemento è stato studiato in modo
che alla praticità e al comfort si unisca il buon gusto. I tecnici
della casa fanno progetti su misura. Il frigorifero, la lavatrice
e il forno elettrico vengono sistemati in maniera che anzichè
disgustare l'occhio lo soddisfano perchè vengono incorporati
nell'insieme.

Nel negozio sono esposti tutti i tipi di elettrodomestici, dal
più modesto frullatore e macinacaffè alle più complete luci-
datrici-aspirapolvere. Ci sono macchinari complessi che ne
fanno di più d'un cuoco in casa! Ho visto tostapane, spiedi ed
infiniti altri accessori. Ho molto ammirato un tipo di lavandino
colla parte superiore tutta in acciaio inossidabile e la parte
inferiore ad armadio in colore assortito al resto della cucina.

L'arredamento d'una cucina così richiede una spesa notevole: fortunatamente mi hanno regalato una batteria di tegami
in ferro smaltato, fornita di tutto: pentole, tegami, padelle,
coperchi, bollitore del latte, mestolo, ramaioli, grattugia, bilancia, ecc. Qui in Italia abbiamo visto un tipo di spremiagrumi
e vari aggeggi per la cucina che non avevo mai visto. Ma sono
cose che non mi convincono troppo: amo la cucina semplice.

Abbiamo avuto in regalo anche servizi di piatti, di tazze e di
bicchieri e una serie di vassoi. Perciò qui a Bologna ho comperato solo una caffettiera „Moka" che fa un caffè espresso
forte, come usa in Italia. Mio marito non ha voluto interferire
nel mio acquisto: „Sei tu che devi occuparti di queste cose",
diceva. Così io non mi sono azzardata a spendere troppo.

Tuttavia il commesso ci ha trattato con molta gentilezza, il
che ci ha permesso di girovagare a lungo all'interno del negozio
per ispezionare tutto. Non c'era un gran che in più di quello
che si trova a Monaco per cui ho ringraziato il commesso e mi
sono scusata del disturbo.

„Non c'è di che!" ha detto. „Macchè disturbo! È il mio
dovere!" E con un inchino ci ha aperto la porta. Sempre galanti,
questi italiani! Hanno quel certo non so che ... Forse per questo
mio marito era così taciturno!

Questa notte ci fermeremo a Bologna e domattina di buon
ora partiremo per Firenze. Sarà un viaggio un po' faticoso,
anche perchè mio marito vuol vedere il passo dell'Abetone;
si allunga il percorso, ma dicono che vale la pena. Un'altro
anno ci serviremo dell'autostrada del Sole ora in costruzione,
per realizzare un altro sogno: quello d'un soggiorno in Sicilia.

Geschirr und Bestecke – stoviglie (vasellame) e posate

Brotkorb *il cestino del pane*
Eierbecher *il portauova*
Gabel *la forchetta*
Glas *il bicchiere*
Kaffeekanne, -maschine
la caffettiera
Likörglas *il bicchierino*
Löffel *il cucchiaio;* (kl.)
il cucchiaino
Messer *il coltello;* (kl.) *il coltellino*
Nußknacker *lo schiaccianoci*
Obstschale *la fruttiera*
Öl- und Essiggestell *l'oliera*

Salatschüssel *l'insalatiera*
Saucenschüssel *la salsiera*
Salzfaß *la saliera*
Schöpflöffel *il cucchiaione*
Suppenteller *la scodella*
Suppenterrine *la zuppiera*
Tasse *la tazza;* (kl.) *la tazzina*
Teekanne *la teiera*
Teller, (flacher) *il piatto;* (kl.)
il piattino
Wasserflasche *la boccia d'acqua*
Zuckerdose *la zuccheriera*
Zuckerzange *le mollette*

Elektrische Haushaltsgeräte – elettrodomestici

Bohnermaschine *la lucidatrice*
Brotröster *il tostapane*
Elektroherd *il forno elettrico*
Gasherd *il forno a gas*
Kaffeemühle *il macinacaffè*

Kühlschrank *il frigorifero*
Mixgerät *il frullatore*
Staubsauger *l'aspirapolvere*
Waschmaschine *la lavatrice*

Küchengeräte

arnesi di cucina

Abschäumlöffel *la schiumaiola*
Deckel *il coperchio*
Fleischwolf *il tritacarne*
Hackbrett *il tagliere*
Kocher *il bollitore*
Kochlöffel *il mestolo*
Mühle (Kaffee, Pfeffer)
   il macinino
Nudelwalker *il matterello*
Pfanne *la padella, la casseruola*
Abfalleimer *il secchio per le immondizie, il pattumiere*
Ausguß *l'acquaio*
Besen *la scopa, la granata*
Kübel *il mastello*
Putzlumpen *lo straccio*
Schaufel *la paletta*
Spülbecken *il lavandino*
Topflappen *la presina*
Waage *la bilancia*
Wasserhahn *il rubinetto*
Quirl *il frullino*
Reibe *la grattugia*
Schöpfkelle *il ramaiolo*

Servierbrett, Tablett *il vassoio*
Sieb *il staccio, il colabrodo*
Stampfer *il pestello*
Tiegel *il tegame*
Topf *la pentola*
Wiegemesser *la mezzaluna*
Zitronenpresse
   lo spremiagrumi
Gasanzünder *l'accendigas*
Stein f. Gasanzünder *la pietrina per accendigas*
Glaspapier *la carta a vetro*
Schuhkrem *il lucido per le scarpe*
Wachs *la cera*
Waschpulver *il detersivo*
Waschseife *il sapone da bucato*
Zündhölzer *i fiammiferi;* (aus Wachs) *i cerini*

Bezügliche Fürwörter (Relativpronomen)

Che, auf einen ganzen vorausgehenden Satz bezogen, **verlangt** den Artikel:

   Ci hanno accolto con grande cordialità, *il che* ci è riuscito molto simpatico. Man hat uns mit großer Herzlichkeit aufgenommen, was uns sehr sympathisch war.

Bezieht sich *che* auf einen 1. Fall, so muß sich das Zeitwort, entgegen dem Deutschen, nach diesem 1. Fall richten:

   Sei tu che *hai* fatto quest'errore.
   Du bist es, der diesen Fehler gemacht hat.

Dieses *che* ist auch in einigen Italianismen enthalten:

ma che! ach geh! was nicht gar!
non c'è di che keine Ursache
un gran che etwas Besonderes
gran che das ist schon was
altro che und ob, freilich
un certo non so che ein gewisses Etwas

Ausrufe der Empfindung

per carità! um Gottes willen!
caspita! potztausend!
accidenti! } Donnerwetter!
capperi! }
diamine! zum Teufel
to'! da (hast du's)!
dai! drauf los, gib's ihm
su, via! los!
guai (a te)! wehe (dir)!
ahi! au! (Schmerz)
ahimè } oh weh (mir)!
ohimè }
ecci! hatzi! (Niesen)

puh! } pfui!
oibò! }
ehi! heda! (Zuruf, Vorwurf)
olà! he! (Warnung)
uhm! hm (Ungewißheit,
   Gleichgültigkeit)
zitto! still
coraggio! } nur Mut
bravo! }
fuori! hinaus!
alt! halt
presente! hier!
macchè! ach was!

Zu beachten ist, daß diese Ausrufe der Empfindung meist mit
dem Deutschen nicht übereinstimmen.

Vokabeln

andare a zonzo bummeln
unire vereinen
brusco brüsk, unvermittelt
medioevale mittelalterlich
podestà Bürgermeister
fontana Brunnen
innalzare errichten
torcicollo steifer Hals
a furia di durch
contemplare betrachten
lassù dort oben
scendere (unreg.) herab-
   steigen
percorrere (unreg.) durch-
   laufen

piacevole angenehm,
   vergnüglich
caspita Donnerwetter!
su misura nach Maß
sistemare unterbringen
anziché anstatt
disgustare abstoßen,
   Mißfallen erregen
soddisfare befriedigen
incorporare einverleiben
insieme Ganze
esporre (unreg.) ausstellen
macchinario Maschine
complesso kompliziert
spiedo Spieß

accessorio Zubehör	*interferire* einmischen
acciaio Stahl	*azzardarsi* sich getrauen
inossidabile nichtrostend	*girovagare* umherschweifen
assortito passend	*ispezionare* inspizieren
arredamento Einrichtung	*disturbo* Störung,
batteria Satz, bestimmte	Belästigung
Anzahl	*inchino* Verbeugung
ferro Eisen	*taciturno* schweigsam
aggeggio Ding	*domattina* morgen früh
convincere (unreg.) über-	*di buon' ora* frühzeitig
zeugen	*percorso* Fahrt

7   **EIN SPAZIERGANG DURCH BOLOGNA**

Wir verbrachten den ganzen Tag mit Bummeln durch Bologna. Es ist eine sympathische Stadt, die ohne harte Gegensätze das Antike mit dem Modernen verbindet. Der Hauptplatz, einer der schönsten Italiens, mit dem Palast König Enzos, dem Palast des Bürgermeisters, der Basilika des hl. Petronius und dem Neptunsbrunnen des Giambologna ist mittelalterlich. Unweit davon sind die Zwei Türme, die nach dem Namen der Familien, die sie errichten ließen, Asinelli und Garisenda, getauft wurden. Sie sind wirklich sehr interessant, und von lauter Dastehen mit der Nase nach oben (in die Luft), um sie zu betrachten, haben wir uns einen steifen Hals geholt. Von oben genießt man dann eine sehr schöne Aussicht.

Als wir von oben herabstiegen, war es noch ziemlich früh, und so sind wir durch die lange Straße gegangen, die von den Zwei Türmen in Richtung Modena führt. Es ist wirklich das Herz Bolognas. Es gibt sehr amüsant anzusehende Schaufenster dort. An irgendeinem Punkt standen wir vor einem sehr schönen Geschäft mit Küchen nach amerikanischer Art: Donnerwetter, was für eine Mannigfaltigkeit und wieviel Farben! Wenn ich nach München zurückkehre, werde ich etwas Ähnliches für unsere Wohnung kaufen.

Es handelt sich um Küchen, in denen man, wenn man wollte, auch seine Freunde empfangen könnte. Jeder Bestandteil ist derart ausgeklügelt, daß zum Praktischen und zur Bequemlichkeit der gute Geschmack hinzukommt. Die Techniker der Firma machen Pläne nach Maß. Der Kühlschrank, die Waschmaschine und der Elektroherd sind derart untergebracht, daß sie, anstatt dem Auge zu mißfallen, es befriedigen, da sie in das Ganze eingebaut werden.

In dem Geschäft sind alle Arten von elektrischen Haushaltsgeräten ausgestellt, vom bescheidensten Mixgerät und der

la cupola di San Pietro, scolpì la statua del Mosè, con lo spirito di Leonardo da Vinci, genio universale che oltre che artista fu pensatore e scienziato insuperabile, con lo spirito di Benvenuto Cellini, scultore, orafo e scrittore di grande efficacia. Si respira insomma la stessa aria che respirarono coloro che con le loro opere nobilitarono non solo la loro patria, ma l'umanità!

Di grande interesse, per me, è stata la visita alle pinacoteche. Anch'io, modestamente, dipingo e ho cercato di impadronirmi delle varie tecniche. Sono abbastanza forte nel disegno, vado benino nella pittura ad olio e nei pastelli, meno in quella ad acquerello ed a tempera. Mi sono lasciata tentare anche dalla ceramica. Anche senza eccellere si possono fare cosette decorative e graziose per la propria casa. È un hobby meno costoso della pittura, che tra tela, colori e cornici viene a costare assai. Mio marito dice sempre: „Voglio che tu dipinga ciò che ti pare, fa lo stesso anche se spendi un po' per questo hobby che rallegra l'esistenza."

„Senti questa", replico io, „vuoi che tua moglie diventi una spendacciona?"

„No cara! voglio solo che tu sia felice anche tra le faccende casalinghe. Hai un senso artistico che devi appagare!"

Può esserci al mondo un marito più caro? Un marito pronto a riconoscere che sua moglie ha un certo talento e desideroso di appagarlo? Mi ha promesso che, nel viaggio di ritorno mi porterà a vedere i mosaici di Ravenna e le ceramiche di Faenza. A Napoli vedremo le porcellane di Capodimonte. Il nostro viaggio diventa proprio un pellegrinaggio artistico.

Bisognerà tuttavia che cerchiamo di alternare a giornate come queste, giornate di distensione, in cui si possa placare lo spirito nella contemplazione della natura. Stasera sono tanto eccitata che non so se riuscirò a prendere sonno.

Speisekarte – Lista delle vivande

ANTIPASTI
VORSPEISEN

Prosciutto cotto e crudo gekochter und roher Schinken
Salame Salami
Sardine e burro Sardinen und Butter
Tonno all'olio Thunfisch in Öl
Carciofini all'olio Artischokken
Antipasto misto gemischte Vorspeise

MINESTRE
SUPPEN, NUDELN

Vermicelli in brodo Nudelsuppe
Riso in brodo Reissuppe
Zuppa di semolino Grießsuppe
Spaghetti al sugo Spaghetti mit Fleischsoße
Maccheroni al pomodoro M. mit Tomatensoße
Tagliatelle Nudeln
Risotto ai funghi Reis mit Pilzen

PESCE
FISCH

(lesso blau; *arrosto* gebraten; *fritto* gebacken)
Scampi fritti geb. Meerkrebschen
Calamaio fritto geb. Tintenfisch
Trota Forelle

Nasello Merlan
Filetti di sogliole Seezungenfilets
Sgombro ai ferri Makrele am Rost

PIATTI DEL GIORNO
TAGESGERICHTE

(bolliti: Manzo; Vitello; Testina gesotten: Ochsenfleisch; Kalbfl.; Kalbskopf)
Stufatino di manzo con polenta gedämpftes Ochsenfl. mit Maisbrei
Cosciotto di Vitello glassato glacierte Kalbskeule
Petto di Vitello Kalbsbrust
Scaloppine al Marsala Schnitzel in M.
Costoletta di Vitello impanato Kalbskotelett paniert
Vitello tonnato con capperi eingem. Kalbfleisch mit Kapernsoße
Noce di Vitello glassato glacierte Kalbsnuß
$^1/_4$ *Pollo allo spiedo* $^1/_4$ Huhn am Spieß
Capretto arrosto gebratenes Kitz
Arrosto di Abbacchio Junglammbraten
Filetti di Tacchino Truthahnfilets
Zampone gefüllter Schweinsfuß

Costata di Bue Ochsenlende
Bistecca di Manzo Rindsstück
Filetto die Bue Ochsenfilet
Braciole di Maiale ai ferri
  Schweinskotelett am Rost
Cervella alla Milanese Hirn n.
  M. Art
Fegato e Rognone Leber und
  Niere

LEGUMI E PATATE
GEMÜSE UND KARTOFFELN

Patate trifolate geröstete Kar-
  toffeln
Purè di Patate Kartoffelbrei
Spinaci Spinat
Piselli Erbsen
Fagiolini grüne Bohnen
Cavolfiore Blumenkohl
Asparagi Spargel
Barbabietole rote Rüben
Indivia Endiviensalat
Insalata cappuccia Kopfsalat
Carciofi Artischocken
Crauti Kraut
Cetrioli kl. eingemachte Gur-
  ken

UOVA
EIER

Uovo bazzotto halbweich
  gek. Ei

Uovo a bere weichgekochtes Ei
Uovo sodo hartgekochtes Ei
Uovo all'ostrica roher Eidotter
Uovo al tegame Spiegelei
Uova strapazzate Rühreier
Frittata Eierkuchen

FORMAGGI
KÄSE

Parmigiano Parmesankäse
Bel Paese
Gorgonzola
Formaggi assortiti verschie-
  dene Käse nach Wahl

DOLCI
SÜSS-SPEISEN

Creme Caramella Karamel-
  krem
Trancia Torta Schnitte Torte
Budino all'Inglese engl. Pud-
  ding
Cotognata Quittengelee
Torta Pan di Spagna Biskuit-
  torte
Torta di Pasta sfoglia Blätter-
  teigtorte
Torta di Pasta frolla Mürbe-
  teigtorte
Zabaione al Marsala Eier-
  punsch mit Marsala
Frutta cotta mista gemischtes
  Kompott
Gelati diversi verschiedenes
  Eis

68

Vokabeln

ardere (unreg.) brennen,
  begeistern
patria Heimat
meraviglia Wunder
romanico romanisch
gotico gotisch
rinascimento Renaissance
barocco Barock
scultura Skulptur
infinito unendlich
cingere (unreg.) umgürten
insuperabile unübertrefflich
cupola Kuppel
armatura Gerüst
miracoloso wunderbar
genio Genie
salma sterbl. Hülle, Leiche
dedicare widmen
carme m. Gedicht
drammaturgo Dramatiker
risciacquare spülen
panno Kleid, Anzug
esilio Verbannung
espellere (unreg.) ausstoßen
antistante davorliegend
immagine f. Bild
incutere (unreg.) einflößen

dipingere (unreg.) malen
scolpire meißeln
pensatore Denker
scienziato Wissenschaftler
orafo Goldschmied
efficacia Wirksamkeit
respirare atmen
nobilitare adeln
umanità f. Menschheit
impadronirsi sich aneignen
eccellere (unreg.) hervorragen
tela Leinwand
cornice f. Rahmen
spendacciona Verschwenderin
casalingo häuslich
faccenda Beschäftigung,
  Verrichtung
senso Sinn
appagare befriedigen, stillen
talento Talent
pellegrinaggio Wallfahrt
alternare abwechseln
distensione f. Entspannung
placare beruhigen
contemplazione f.
  Betrachtung
eccitare aufregen

Hinweisende Fürwörter (Demonstrativpronomen)

Einige Redewendungen mit dem hinweisenden Fürwort:
  Da quando era ammalato non sembra più *quello*.
  Seit er krank war, scheint er nicht mehr derselbe.
  Senti un po' *questa* che mi ha raccontato il mio amico.
  Hör mal diese (Nachricht), die mir mein Freund erzählt hat.
  Questa è grossa eppure è vera.
  Dies ist ein starkes Stück, und doch ist es wahr.
  In *quel* di Milano accadde una terribile esplosione.
  In der Gegend von Mailand ereignete sich eine schreckliche
  Explosion.
Quello dient auch zur Verstärkung von *altro* und *stesso*:
  Dammi *quell'altra* matita che hai sulla scrivania. Gib mir
  den (anderen) Bleistift, den du auf dem Schreibtisch hast.

È quello stesso signore che era venuto l'anno scorso. Es ist der(selbe) Herr, der im vergangenen Jahr gekommen war.

Lo stesso kann adjektivisch und substantivisch gebraucht werden:

Abbiamo incontrato *la stessa usanza* in vari paesi. Wir haben dieselbe Sitte in verschiedenen Ländern angetroffen.

Lo stesso vale per noi e per voi.

Dasselbe gilt für uns und für euch.

Derselbe ... wie = *lo stesso ... di*

Questo vestito è ancora *lo stesso dell 'anno* scorso.

Dieses Kleid ist noch das(selbe) vom vorigen Jahr.

Italianismus:

Che cosa preferisci, tè o caffè? Per me fa *lo stesso*. Was ziehst du vor, Tee oder Kaffee? Mir ist es einerlei (gleichgültig).

Anstatt *quello che* = „derjenige welcher" kann auch *colui* (weibl. *colei*, Mehrzahl *coloro*) *che* stehen oder nur *chi:*

Colui che (chi) è sano è ricco.

Wer (derjenige der) gesund ist, ist reich.

L'ho fatto sapere a *coloro che* non erano presenti. Ich ließ es diejenigen wissen, die nicht anwesend waren.

Da chi hai recevuto questo libro fatti anche dare *quell'altro* che ti occorre. Von demjenigen, von dem du dieses Buch erhalten hast, laß dir auch das andere geben, das du brauchst.

Ciò che anstelle von *quello che* ist nur möglich, wenn dem Relativsatz keine Präposition vorangeht:

Farò ciò che mi pare e piace

Ich werde tun, was mir gut dünkt.

aber : È quello di cui ti ho parlato.

Es ist das (der), wovon (von dem) ich dir erzählt habe.

---

8   **FLORENZ, DIE KUNSTSTADT**

Seit einiger Zeit wünschte ich mir brennend, Florenz kennenzulernen, die große Heimat Dantes, und, man könnte sagen, auch aller Künste. Es wäre mir unmöglich, alle in diesen beiden Tagen besichtigten Wunderwerke aufzuzählen. Was soll ich sagen von den romanischen, gotischen, Renaissance-, Barock- und modernen Kirchen, kurz Kirchen in jedem Stil und aus jeder Zeit, die wir besucht haben? Was soll ich von der Galerie der Uffizien und jener des Palazzo Pitti sagen? Was soll ich von den Skulpturen der Loggia dei Lanzi und unzähligen anderen sagen? Und von den Palästen, den Brücken des Arno, den Lungarni (Uferstraßen längs des Arno), den wunderbaren Hügeln, die die Stadt umgürten, den Gärten, darunter dem unübertrefflichen Boboligarten? Vom Piazzale Michelangelo aus genießt man das Panorama der Stadt, welche „die der großen Kuppel" genannt wird, nach der hochberühmten Kuppel von Santa Maria del Fiore, die Brunelleschi dank seinem wunderbaren Genie ohne Gerüst erbaute.

Sehr ergreifend war der Besuch der Kirche Santa Croce, wo die sterblichen Hüllen vieler großer Italiener ruhen und der ein berühmtes Gedicht von Ugo Foscolo gewidmet ist, der wegen seiner Sonette selbst berühmt ist. Von den anderen erinnere ich mich an Vittorio Alfieri, den großen Dramatiker, und an Niccolò Machiavelli, den Schriftsteller, Historiker und Politiker. Hierher nach Florenz kam Alessandro Manzoni, der größte italienische Romanschriftsteller, Verfasser der „Verlobten", um „seine Kleider in den Arno zu tauchen", ein symbolischer Satz, der bedeutet, um seine Sprache zu vervollkommnen, da das Toskanische die Blüte der italienischen Sprache ist.

Man vermißt in Florenz das Grab von Dante Alighieri, das sich in Ravenna befindet, wo Dante in der Verbannung starb. Florenz, das Dante selbst „lieblose Mutter" nannte, verstieß seinen großen Sohn aus politischen Gründen. Auf dem Platz vor der Kirche befindet sich das Denkmal für den größten italienischen Dichter, dessen Bild allein schon Ehrfurcht einflößt. Ich, die ich mich dessen erinnerte, was ich von ihm gelesen habe, war sehr bewegt. Mein Mann versuchte mich zu verulken, doch auch er schien nicht mehr der, der er immer ist, so befriedigt war er.

In der Gegend von Florenz ist man auch in Kontakt mit dem Geist Michelangelos, der in Rom die Sixtinische Kapelle ausmalte, die Kuppel von Sankt Peter erbaute, die Statue des Moses meißelte, mit dem Geist Leonardo da Vincis, des Universalgenies, der außer Künstler auch Denker und unübertrefflicher Wissenschaftler war, mit dem Geist Benvenuto Cellinis, des Bildhauers, Goldschmieds und Schriftstellers von großer Bedeutung. Kurzum, man atmet die gleiche Luft, die diejenigen atmeten, die mit ihren Werken nicht nur ihr Vaterland, sondern die ganze Menschheit adelten.

Von großem Interesse war für mich der Besuch der Gemäldesammlungen. Ich male selbst bescheiden und habe versucht, mir die verschiedenen Techniken anzueignen. Ziemlich tüchtig bin ich im Zeichnen, es geht ganz gut mit der Öl- und Pastellmalerei, weniger in Aquarell und in Tempera. Auch von der Keramik ließ ich mich verführen. Auch ohne zu glänzen, kann man dekorative und hübsche kleine Dinge für die eigene Wohnung machen. Es ist ein weniger kostspieliges Hobby als die Malerei, die mit Leinwand, Farben und Rahmen ziemlich teuer kommt. Mein Mann sagt immer: „Ich möchte, daß du malst, was dir gefällt, selbst wenn du einiges für dieses Hobby ausgibst, das das Leben erfreut."

„Na, hör mal", antworte ich, „willst du, daß deine Frau eine Verschwenderin wird?"

„Nein, meine Liebe, ich will nur, daß du auch bei den häuslichen Beschäftigungen glücklich bist. Du hast einen künstlerischen Sinn, der befriedigt werden muß."

Kann es auf der Welt einen lieberen Mann geben? Einen Mann, der zuzugestehen bereit ist, daß seine Frau ein gewisses Talent besitzt, und der den Wunsch hat, ihm Nahrung zu geben? Er versprach mir, daß er mir auf der Rückreise die Mosaike von Ravenna und die Keramiken von Faenza zeigen werde. In Neapel werden wir die Porzellanarbeiten von Capodimonte sehen. Unsere Reise wird geradezu eine Kunstwallfahrt. Trotzdem werden wir versuchen müssen, Tage wie diese mit Tagen der Entspannung abwechseln zu lassen, an denen sich der Geist bei der Betrachtung der Natur beruhigen kann. Heute abend bin ich so aufgeregt, daß ich nicht weiß, ob ich werde einschlafen können.

NONA LEZIONE

9

LA MODA E L'ELEGANZA A FIRENZE

Firenze, 14 giugno

Firenze è anche una città molto elegante. Ad ogni passo s'incontrano signore vestite con gusto per lo più sobrio e distinto, e del resto le sartorie fiorentine ormai godono di fama internazionale. Ora anche le boutiques ed i negozi di abbigliamento sono numerosi e ben forniti e la clientela comincia ad orientarsi verso l'acquisto delle confezioni: più comodo e anche più economico. Chiunque può trovare qualunque cosa desideri ed a qualsiasi prezzo. Naturalmente non mancano le confezioni alquanto care, ma la maggior parte dei negozi ha buoni prezzi. Tuttavia, per quanto grande fosse il mio desiderio di entrare a provare parecchie cosucce che mi attiravano, ho sempre resistito: ho tutto il mio bel corredo da sposa fresco fresco e proprio non era il caso di spendere altro denaro. Mio marito è di una tale generosità che avrebbe voluto regalarmi tutto ciò che lodavo! Ma già a Bologna avevo fatto acquisti di scarpe che avevano notevolmente alleggerito il suo portafoglio.

Bologna, infatti, è la città che ha il primato italiano nella fabbricazione delle scarpe. C'è annualmente una mostra della calzatura che richiama numerosi espositori e pubblico. Accanto alle scarpe dal tacco alto e a spillo che secondo me slanciano la figura, ma impacciano il passo e sono scomode, ora ho visto molte scarpe di tipo inglese con mezzo tacco e altre sportive senza tacco e spesso con suola di gomma. Graziose anche quelle tipo „ballerina" o „mocassino". Per la stagione invernale ci sono deliziosi scarponcini a laccetti: ma questo tipo si trova più a buon mercato e forse anche più solido da noi. Al mare si portano zoccoli e sandali. Pantofole e ciabatte deliziose mi hanno fatto rimpiangere di averne già fatto rifornimento prima di partire.

Anche a Firenze ho visto parecchie scarpe belle, e le borse, borsette, valigie, cinture, taccuini e portafogli fiorentini mi sono sembrati come prezzi e confezione tali e quali a quelli di Bologna. A Firenze ci sono anche i cappelli e le borse di paglia molto ricercati dalle turiste.

La moda, si sa, è molto volubile. Il punto di vista viene spostato ogni anno verso i fianchi o verso l'alto. I baveri del cappotto ora sono rialzati fino a coprire mezzo viso, ora sono scostati e lasciano scoperto tutto il collo. Le gonne variano di lunghezza e possono essere diritte, scampanate o a pieghe. Le giacche possono essere a sacchetto o attillate, le maniche imbottite o morbide, a giro di braccio o magari a chimono, e di tutte le lunghezze. D'estate i vestiti sono spesso senza maniche. Molto belli sono i golf, le maglie di lana, ed i maglioni sportivi. Eleganti le camicette e le magliette di filo, di seta o di cotone e per l'estate.

La vera specialità di Firenze in fatto di moda è però la biancheria ed il ricamo in genere. Ho visto tovaglie e tovaglioli da considerarsi addirittura opere d'arte: e che lenzuola, che federe, che coperte, che asciugamani! Io mi sono limitata a comperarmi un fazzolettino! La biancheria personale poi è splendida. Accanto alle confezioni in serie in nylon ed in altri materiali sintetici ci sono sottabiti, camicie da notte e mutandine ricamate a mano che valgono un Perù! I reggipetti, i reggicalze ed i busti spesso seguono modelli di marca americana, ma in più hanno una nota di finezza e una perfezione nelle rifiniture che li distinguono. Le calze di nylon italiane forse sono meno robuste delle nostre in perlon; almeno così dice la mia esperienza personale: del resto, pare che le calze siano fatte per rompersi! Oggi mi ero accorta che un tale mi guardava le gambe. Ho abbassato gli occhi: era partito un punto e dal piede stava arrivando ormai al ginocchio! Ed io che credevo che si trattasse del solito pappagallo della strada! È difficile leggere nel pensiero altrui.

Vokabeln

sobrio maßhaltend
distinto vornehm
sartoria Schneiderei
abbigliamento Kleidung
clientela Kundschaft
confezione f. Konfektion
economico billig
cosuccia kleine Sache
corredo Aussteuer
generosità f. Freigebigkeit
alleggerire erleichtern
primato Vorrang, Rekord
annuale jährlich
richiamare anlocken
espositore Aussteller
spillo Nadel
tacco a spillo Pfennigabsatz
slanciare schlank, größer
  machen
impacciare hinderlich sein
suola Sohle
scarponcino kl. Stiefel
zoccolo Holzschuh
rimpiangere (unreg.)
  bedauern

fare rifornimento Bestände
  erneuern, sich eindecken
taccuino Notizbuch
volubile unbeständig, flatter-
  haft
spostare verlagern
fianco Hüfte
rialzato hochstehend,
  hochgeschlagen
scostato abstehend
scampanato glockig
piega Falte
attilato anliegend
imbottito wattiert
morbido weich
a giro di braccio eingesetzt
addirittura geradezu
valere un Perù eine Kostbarkeit sein
rifinitura Ausarbeitung
rompersi (unreg.) entzwei-
  gehen
abbassare senken
pappagallo Papagei; jg. Mann,
  der Anschluß sucht

Wäsche – biancheria

Bettuch *il lenzuolo*
Büstenhalter *il reggipetto, reggiseno*
Frottierhandtuch *l'asciugamano a spugna*
Handtuch *l'asciugamano*
Hemd *la camicia*
Hemdhose *la combinazione*
Hosenträger *le bretelle*
Kissenbezug *la federa*
Korsett *il busto, la fascetta*
Nachthemd *la camicia da notte*
Schlafanzug *il pigiama*

Schlüpfer *le mutandine*
Serviette *il tovagliolo*
Socken *i calzini*
Strümpfe *le calze*
1 Paar Strümpfe *un paio di calze*
Strumpfhalter *il reggicalze*
Taschentuch *il fazzoletto*
Tischtuch *la tovaglia*
Unterhose *le mutande*
Unterkleid *il sottabito*
Unterrock *la sottoveste*
Wischtuch *lo strofinaccio*

Kleidung – vestiario

Kleidungsstücke – indumenti

Abendkleid *il vestito da sera*
Badeanzug *il costume da bagno*
Bluse *la camicetta*
Cutaway *la velada*
Frack *la marsina*
Gehrock *la finanziera*
Handschuh *i guanti*
Handtasche *la borsetta*
Hausschuh *la ciabatta*
Hut (Herren-) *il cappello*
Hut (Damen-) *il cappellino*
Hose *i calzoni*
Hose (lange) *i pantaloni*
Jacke, Rock *la giacca*
Kleid *il vestito*

Kostüm *il tailleur*
Mantel *il paltò*
Übergangsmantel *il soprabito*
Ulster *il pastrano*
Wintermantel *il cappotto*
Morgenrock *la vestaglia*
Mütze *il berretto*
Pantoffel *la pantofola*
Pelz, Pelzmantel *la pelliccia*
Pullover *il pullover, la maglia; (dicker) il maglione*
Regenmantel *l'impermeabile*
Rock (Damen-) *la gonna, la sottana*
Sandaletten *i sandali*

75

Schal *lo scialle, il fazzoletto*	Weste *il gilè*
Schal, Schärpe *la sciarpa*	Wollkleid *il vestito di lana*
Schirm *l'ombrello*	Ärmel *la manica*
Schuhe *le scarpe*	Gürtel *la cintura*
Schuhwerk *la calzatura*	Kragen *il colletto*
Seidenkleid *il vestito di seta*	Manschette *il polsino*
Smoking *lo smoking*	Mantel-, Rockkragen *il bavero*
Sommerkleid *il vestito estivo*	Revers *il risvolto*
Staubmantel *lo spolverino*	Schnürsenkel *il laccio*
Strickjacke *il golf*	Tasche im Anzug *la tasca*
Tasche (gr. Stadt-) *la borsa*	Westentasche *il taschino*

Unbestimmte Fürwörter

Ogni = „jeder" kann auch vor einem Hauptwort in der Mehrzahl stehen, wenn eine Zahl vorausgeht:
Ogni due giorni – alle zwei Tage

chiunque = jeder der, wer auch immer:
Chiunque dica queste bugie sul suo conto verrà diffidato di ritirarle. Wer immer diese Lügen über ihn sagt, wird aufgefordert, sie zu widerrufen.

qualunque = welch auch immer, xbeliebig (Nebensatz meist im Konjunktiv):
Ti esaudirò qualunque desiderio.
Ich werde dir jeden beliebigen Wunsch erfüllen.
Qualunque desiderio tu esprima te lo esaudirò. Welchen Wunsch du auch ausdrückst, ich werde ihn dir erfüllen.

qualunque cosa = was auch immer:
Qualunque cosa avvenga, ti aiuterò.
Was auch immer geschieht, ich werde dir helfen.

alquanto = ein wenig:
Il bollettino meteorologico dice che il mare è alquanto mosso. Der Wetterbericht sagt, daß das Meer ein wenig bewegt sei.

tale = solcher (Eigenschaftswort):
Non ho mai visto lavorare nessuno con una tale perseveranza. Ich habe noch nie jemand mit einer solchen Ausdauer arbeiten sehen.

un tale = ein gewisser (wenn man den Namen nicht näher kennt oder nennen will):
Un tale mi ha fermato per strada chiedendomi dell'ospedale.
Jemand (ein Gewisser) hat mich auf der Straße angehalten und mich nach dem Krankenhaus gefragt.

Man merke: *Il tal dei tali* = Herr Soundso; *tal quale* = genauso, haargenau:

La copia è tal quale l'originale.
Die Kopie ist haargenau wie das Original.
Quale il padre tale il figlio. Wie der Vater, so der Sohn.

altrui = des anderen als der 2., 3. und 5. Fall Mehrzahl von *altro*:

Ricordati l'altrui diritto.
Erinnere dich an das Recht der anderen.

Altro = „anderes" bedeutet auch „noch ein", „ein zweiter":
Dammi un'altra tazza di caffè. Gib mir noch eine Tasse Kaffee.

Man merke sich eine Reihe von *Redewendungen* mit *altro*:

l'altro giorno = neulich; *l'altr'anno* = vergangenes Jahr
quest'altra settimana = nächste Woche
l'altro ieri oder *ierl'altro* = vorgestern
altro che = und ob, freilich
tutt'altro = im Gegenteil
senz'altro = ohne weiteres
tra altro = unter anderem
non ci mancherebbe altro = das fehlte gerade r.och
un altro paio di maniche = etwas ganz anderes,
                               ein anderes Paar Stiefel

Parecchio (ohne Artikel) = etliches, einiges, mehreres, ziemlich viel:

Abbiamo imparato parecchio.
Wir haben ziemlich viel gelernt.
Parecchie persone non applaudivano.
Einige Leute applaudierten nicht.

la maggior parte = der größte Teil, *i più* = die meisten:

La maggior parte delle tasse va a favore dei comuni.
Die meisten Steuern (Gebühren) gehen zugunsten der Gemeinden.

in quanto a = was anbetrifft:

In quanto alle sue pretese temo che non saranno soddisfatte.
Was ihre Ansprüche betrifft, so fürchte ich, daß sie nicht befriedigt werden.

Aber adverbial:

In quanto mi sarà possibile cercherò di mitigare le divergenze. Soweit es mir möglich ist, werde ich versuchen, die Meinungsverschiedenheiten zu mildern.

per quanto (mit Konjunktiv) = wie auch, wie sehr auch:

Per quanto grande sia il suo disappunto, non posso serbargli rancore. Wie groß auch mein Verdruß sein mag, so kann ich ihm doch nicht zürnen.

77

Florenz ist auch eine sehr elegante Stadt. Auf Schritt und Tritt begegnet man Damen, die zum großen Teil mit zurückhaltendem und vornehmem Geschmack gekleidet sind, und im übrigen genießen die florentinischen Schneiderateliers jetzt einen internationalen Ruf. Nunmehr sind auch die Läden und Bekleidungsgeschäfte zahlreich und wohlausgestattet, und die Kundschaft beginnt sich in Richtung des Kaufs von Fertigkleidung zu orientieren, was bequemer und auch billiger ist. Jedermann kann was er wünscht und zu jedem beliebigen Preis finden. Natürlich fehlt nicht die ziemlich teure Konfektion, doch die meisten Geschäfte haben niedrige Preise. So groß jedoch auch mein Wunsch war, einzutreten und einige kleine Dinge anzuprobieren, die mich reizten, habe ich doch immer widerstanden. Ich habe meine ganze schöne Hochzeitsaussteuer völlig neu, und es war wirklich nicht angebracht, noch mehr Geld auszugeben. Mein Mann ist von einer solchen Freigebigkeit, daß er mir alles hätte schenken wollen, was ich lobte. Doch bereits in Bologna hatte ich Schuhe erstanden, die seine Brieftasche beträchtlich erleichtert hatten.

Bologna ist in der Tat die Stadt, die den Vorrang in der italienischen Schuhfabrikation hat. Jedes Jahr findet eine Schuhwarenausstellung statt, die zahlreiche Aussteller und viel Publikum anlockt. Neben den Schuhen mit hohem und Pfennigabsatz, die m. E. die Figur strecken, jedoch für das Gehen hinderlich und unbequem sind, habe ich jetzt viele Schuhe der englischen Art mit halbhohem Absatz gesehen und noch andere Sportschuhe ohne Absatz und häufig mit Gummisohle. Reizend auch die vom Typ „Ballerina" oder „Mokassin". Für die winterliche Zeit gibt es entzückende Stiefelchen mit Schnürsenkeln, doch diese Art findet man billiger und vielleicht auch stabiler bei uns. Am Meer trägt man Holzpantinen und Sandalen. Pantoffel und reizende Hausschuhe ließen mich bedauern, daß ich mich bereits vor der Abreise eingedeckt hatte.

Auch in Florenz habe ich mehrere schöne Schuhe gesehen, und die florentinischen Mappen, Taschen, Koffer, Gürtel, Notizbücher und Brieftaschen erschienen mir im Preis und in der Verarbeitung genau wie die von Bologna. In Florenz sind auch Strohhüte und Taschen von den Touristen sehr begehrt.

Die Mode ist bekanntlich sehr unbeständig. Der Blickpunkt wird jedes Jahr zur Hüfte oder nach oben verlagert. Die Mantelkragen sind bald hochgeschlagen, so daß sie das halbe Gesicht verdecken, bald sind sie abstehend und lassen den ganzen Hals frei. Die Röcke schwanken in der Länge und können gerade, glockig oder in Falten sein. Die Jacken können sackartig oder anliegend, die Ärmel wattiert oder weich, eingesetzt oder gar kimonoartig und in allen Längen sein. Im Sommer sind die Kleider häufig ärmellos. Sehr schön sind die Strickjacken, die Wollpullover und die Sportpullover. Elegant die Blusen und die Seiden- oder Baumwollpullover für den Sommer.

Die eigentliche Spezialität von Florenz, was die Mode anbetrifft, ist jedoch die Wäsche und die Stickerei überhaupt. Ich habe Tischtücher und Servietten gesehen, die geradezu als Kunstwerke betrachtet werden müssen; und was für Betttücher, Kissenbezüge, was für Decken und Handtücher! Ich beschränkte mich darauf, ein Taschentüchlein zu kaufen! Die Leibwäsche zudem ist herrlich. Neben der Serienherstellung in Nylon und anderen Kunststoffen gibt es handgestickte Unterkleider, Nachthemden und Schlüpfer, die eine Kostbarkeit sind. Die Büstenhalter, die Strumpfhalter und die Korsetts folgen häufig Modellen amerikanischer Marken, haben jedoch darüber hinaus eine feine Note und zeichnen sich durch eine vollendete Verarbeitung aus. Die italienischen Nylonstrümpfe sind vielleicht weniger kräftig als unsere in Perlon, so lehrt es mich wenigstens meine persönliche Erfahrung. Im übrigen scheinen die Strümpfe zum Kaputtgehen da zu sein. Heute merkte ich, wie mir einer auf die Beine schaute. Ich senkte den Blick: eine Masche war gefallen und reichte vom Fuß bereits bis zum Knie. Und ich hatte gedacht, es handle sich um den üblichen „Anschlußsuchenden". Es ist schwer, die Gedanken anderer zu lesen.

DECIMA LEZIONE

10   VISITA ALLO ZOO DI ROMA

Roma, 17 giugno

Da qualche giorno siamo a Roma, capitale d'Italia. Abbiamo visto una quantità di bellezze artistiche e naturali da non potersi descrivere. Oggi, per riposarci, abbiamo preferito trascorrere la giornata allo zoo per metterci in viaggio per Napoli freschi e distesi. Ogni volta che ripartiamo sono lieta di andare verso luoghi nuovi, ma nello stesso tempo avrei voglia di fermarmi ancora dove mi trovo. Prima di partire vorrei però ancora vedere il Papa: non vorrei proprio lasciare Roma senza averlo visto! Mio marito ha detto che crede che riusciremo

anche a farci ricevere, insieme alle tante altre coppie che
vengono a Roma in viaggio di nozze. Lo spero proprio! So che
il Papa concede molte udienze, nei limiti delle sue possibilità,
naturalmente.

Oggi siamo stati allo zoo, come ho detto, e nonostante che io
sia abituata al nostro giardino zoologico di Monaco che è
splendido, devo dire che anche questo di Roma l'ho trovato
assai interessante. A me piacciono molto gli animali, come del
resto ai tedeschi in genere. Ma anche in Italia gli animali sono
amati. Non c'è quasi famiglia che non abbia un gatto, un cane
o un canarino. Tengono perfino le tartarughe in casa! Chi poi
ha la fortuna di avere un giardino spesso non si limita ad una
sola bestiola. In una villa signorile ho visto una gabbia piena
di uccelli d'ogni specie e colore. In molte piazze d'Italia ci
sono i colombi che vengono nutriti a spese del Comune e dagli
stessi abitanti, per lo più dai bambini. Esiste una „Società
prottettrice degli animali" molto vigile ed efficiente. Mi è capitato di vedere una guardia in borghese fare la multa ad un
barocciaio che aveva frustato crudelmente il suo bel cavallo
da tiro.

In Italia ci sono anche molti appassionati di sport ippici.
Quanti bei cavalli da corsa vidi all'ippodromo delle Cappanelle!
E che allevamenti! Ho visto dei puledri meravigliosi. Ma è
facile interessarsi di questi splendidi destrieri. Io invece guardo
con simpatia perfino i ronzini, i muli, gli asini. Tutti i cani e
gatti randagi li porterei a casa. Che male c'è del resto? Anche
San Francesco amava gli animali, sia che fossero tortore,
uccellini o il feroce lupo di Gubbio. Queste cose si leggono nel
libro dei „Fioretti" che trovo così suggestivo nonostante che sia
scritto in italiano medioevale piuttosto difficile a comprendersi
per noi tedeschi.

Lo zoo di Roma ha molti animali feroci: leoni, tigri, leopardi,
pantere, iene. Gli elefanti avevano un aspetto solenne e pacifico. Li ho scherzosamente salutati da parte dei miei amici
elefanti di Monaco. Hanno alzato ripetutamente la proboscide;
non so se intendessero con ciò ricambiare i saluti. Gli orsi e le
scimmie costituiscono forse il divertimento maggiore per gli
spettatori che si soffermano a guardarli a lungo e ad ammirarli
nelle loro evoluzioni. Le scimmie assumono degli atteggiamenti
che suscitano ad ogni istante l'ilarità del pubblico. Gli unici
animali che proprio non riesco a trovare simpatici (e pensare

che ci riesco perfino cogli ippopotami, coi rinoceronti, coi bufali!) sono i rettili! Ho visto un boa che mi ha terrorizzato tanto era enorme. Temo che lo sognerò stanotte. Mio marito, al solito, mi deride, ma sono sicura che se lo vedesse fuori dalla gabbia il primo a tagliare la corda sarebbe lui! Non c'è da dubitarne.

Siamo usciti dal giardino zoologico che ormai chiudevano i cancelli. Basta, per oggi ho scritto abbastanza. Ora, dato che mio marito insiste nel dire che sono una bambina, dirò che „me ne vado a nanna"!

Vokabeln

trascorrere (unreg.) verbringen
disteso: von distendere (unreg.) entspannt
coppia Paar (von Personen)
udienza Audienz
limite Rahmen, Grenze
in genere im allgemeinen
bestiola Tierchen
signorile herrschaftlich
gabbia Käfig
nutrire ernähren, füttern
vigile wachsam
efficiente wirksam
capitare vorkommen, passieren
in borghese in Zivil
barocciaio Fuhrmann
frustare m. d. Peitsche schlagen
crudele grausam
cavallo da tiro Zugpferd
appassionato leidenschaftlicher Liebhaber
ippico Rennpferd
cavallo da corsa Rennpferd
ippodromo Rennplatz
allevamento Zucht

puledro Füllen
destriero Roß, edles Pferd
ronzino Klepper
randagio streunend
tortora Turtèltaube
feroce wild
pantera Panther
solenne feierlich
pacifico friedlich
proboscide f. Rüssel
intendere (unreg.) zu verstehen geben
ricambiare erwidern
spettatore Zuschauer
soffermarsi stehenbleiben
evoluzione f. Bewegung
atteggiamento Stellung
suscitare erregen
istante m. Augenblick
ilarità f. Heiterkeit
terrorizzare Schrecken einjagen
deridere (unreg.) auslachen
tagliare la corda davonlaufen, abhauen
cancello Gitter, Zaun
andare a nanna zu Bett gehen (Kindersprache)

Tiere – animali

Adler *l'aquila*
Affe *la scimmia*
Ameise *la formica*
Amsel *il merlo*
Bär *l'orso*
Biene *l'ape*
Boa *il boa*
Büffel *il bufalo*
Dackel *il bassotto*
Eidechse *la lucertola*
Elefant *l'elefante*
Ente *l'anitra*
Esel *l'asino*
Fasan *il fagiano*
Fink *il fringuello*
Fisch *il pesce*
Fledermaus *il pipistrello*
Fliege *la mosca*
Floh *la pulce*
Frosch *la rana*
Fuchs *la volpe*
Gans *l'oca*
Hahn *il gallo*
Hammel *il montone*
Hase *la lepre*
Henne *la gallina*
Heuschrecke *la cavalletta*
Hirsch *il cervo*
Huhn *il pollo*
Hund *il cane*
Hyäne *l'iena*
Käfer *lo scarafaggio*
Kalb *il vitello*
Kanarienvogel *il canarino*
Kaninchen *il coniglio*

Katze *il gatto*
Kröte *il rospo*
Krokodil *il coccodrillo*
Kuh *la vacca, la mucca*
Küken *il pulcino*
Laus *il pidocchio*
Leopard *il leopardo*
Lerche *l'allodola*
Löwe *il leone*
Maultier *il mulo*
Maulwurf *la talpa*
Maus *il topo*
Möwe *il gabbiano*
Nilpferd *l'ippopotamo*
Ochse *il bue (i buoi)*
Panther *la pantera*
Perlhuhn *la faraona*
Pferd *il cavallo*
Pudel *il barbone*
Rabe *il corvo*
Raupe *il bruco*
Rebhuhn *la pernice*
Regenwurm *il lombrico*
Rehkitz *il capriolo*
Reptil *il rettile*
Rhinozeros *il rinoceronte*
Schaf *la pecora*
Schildkröte *la tartaruga*
Schlange *il serpente*
Schmetterling *la farfalla*
Schnecke (mit Haus)
    la chiocciola
Schnecke (ohne Haus)
    la lumaca
Schnepfe *la becaccia*
Schwalbe *la rondine*
Schwan *il cigno*
Schwein *il maiale*
Specht *il picchio*
Sperling *il passero*
Spinne *il ragno*
Stechmücke *la zanzara*

Storch *la cicogna*	Wanze *la cimice*
Taube *il piccione, la colomba*	Wildschwein *il cinghiale*
Tiger *la tigre*	Wolf *il lupo*
Truthahn *il tacchino*	Wurm *il verme*
Uhu *il gufo*	Ziege *la capra*
Vogel *l'uccello*	Zikade *la cicala*

Seit einigen Tagen sind wir in Rom, der Hauptstadt Italiens. Wir haben eine Menge Kunst- und Naturschönheiten gesehen, die sich nicht beschreiben lassen. Heute haben wir es vorgezogen, den Tag zum Ausruhen im Zoo zu verbringen, um uns frisch und entspannt auf die Reise nach Neapel zu begeben. Jedesmal, wenn wir wieder abreisen, freue ich mich, in neue Orte zu kommen, doch gleichzeitig hätte ich Lust, noch dort zu bleiben, wo ich mich befinde. Vor der Abreise möchte ich jedoch noch den Papst sehen. Ich möchte Rom wirklich nicht verlassen, ohne ihn gesehen zu haben! Mein Mann sagte, er glaube, daß es uns auch gelingen werde, zusammen mit anderen Paaren empfangen zu werden, die auf der Hochzeitsreise nach Rom kommen. Ich hoffe es wirklich. Ich weiß, daß der Papst viele Audienzen gewährt, natürlich im Rahmen seiner Möglichkeiten.

Heute waren wir, wie ich sagte, im Zoo, und obwohl ich an unseren Zoologischen Garten in München gewöhnt bin, der großartig ist, muß ich sagen, daß ich auch den von Rom recht interessant gefunden habe. Ich mag Tiere sehr gern, wie im übrigen die Deutschen im allgemeinen. Aber auch in Italien liebt man die Tiere. Es gibt fast keine Familie, die nicht eine Katze, einen Hund oder einen Kanarienvogel hat. Selbst Schildkröten werden in der Wohnung gehalten. Wer außerdem das Glück hat, einen Garten zu besitzen, beschränkt sich nicht auf ein einziges Tierchen. In einer herrschaftlichen Villa sah ich einen Käfig voller Vögel jeder Gattung und Farbe. Auf vielen Plätzen Italiens gibt es Tauben, die auf Kosten der Gemeinde und der Einwohner selbst gefüttert werden, meistens von den Kindern. Es gibt einen sehr wachsamen und tat-

kräftigen Tierschutzverein. Es geschah, daß ich mit ansah,
wie ein Schutzmann in Zivil einem Fuhrmann eine Geldstrafe
auferlegte, der sein schönes Zugpferd grausam geschlagen
hatte.

In Italien gibt es auch viele Liebhaber des Pferdesports.
Wie viele schöne Rennpferde habe ich auf dem Rennplatz der
Cappanelle gesehen! Und was für Zuchten! Ich sah herrliche
Füllen. Doch sich für diese prächtigen Pferde zu interessieren,
ist leicht; ich betrachte hingegen selbst die Klepper, die Maul-
tiere, die Esel mit Sympathie. Alle streunenden Hunde und
Katzen möchte ich am liebsten mit nach Hause nehmen. Was
ist auch dabei? Auch der hl. Franziskus liebte die Tiere, seien es
Turbeltauben, Vögelchen oder der grimmige Wolf von Gubbio.
Diese Dinge liest man in dem Buch „Fioretti" (Blümlein), das
ich so eindrucksvoll finde, obwohl es in einem mittelalter-
lichen Italienisch geschrieben ist, das für uns Deutsche ziemlich schwer verständlich ist.

Der Zoo von Rom beherbergt viele wilde Tiere: Löwen,
Tiger, Leoparden, Panther, Hyänen. Die Elefanten hatten einen
feierlichen und friedlichen Ausdruck. Scherzhafterweise grüßte
ich sie von meinen Freunden, den Münchner Elefanten. Sie
hoben wiederholt den Rüssel; ich weiß nicht, ob sie damit die
Grüße erwidern wollten. Die Bären und die Affen bilden
vielleicht das größte Vergnügen für die Zuschauer, die stehenbleiben, um sie lange zu betrachten und um ihre Bewegungen
zu bewundern. Die Affen nehmen Stellungen ein, die jeden
Augenblick die Heiterkeit des Publikums erregen. Die einzigen Tiere, die ich wirklich nicht sympathisch finden kann
(und zu denken, daß mir das sogar bei den Nilpferden, den
Rhinozerossen, den Büffeln gelingt!), sind die Reptilien. Ich
habe eine Boa gesehen, die mir einen Schrecken einjagte, so
riesengroß war sie. Ich fürchte, daß ich heute nacht von ihr
träume. Mein Mann lacht mich wie gewöhnlich aus, doch ich
bin sicher, daß er, wenn er sie außerhalb des Käfigs sähe, der
erste wäre, der davonlaufen würde! Daran ist nicht zu zweifeln.

Wir verließen den Zoologischen Garten, als man bereits die
Pforten schloß. Es reicht, für heute habe ich genug geschrieben.
Da mein Mann immer wieder sagt, daß ich ein Kind sei, werde
ich jetzt sagen, daß ich ins Heia gehe.

Die Nennform (Infinitiv)

A Der *reine* Infinitiv steht:

    1) nach unpersönlichen Verben und unpersönlichen Aus-
drücken:

Bisogna prenderlo come è.
Man muß ihn nehmen, wie er ist.
Sarà necessario fare i progetti per tempo.
Es wird nötig sein, die Pläne rechtzeitig zu machen.
Ti piacerebbe fare una gita in macchina?
Würdest du gern einen Ausflug im Wagen machen?

2) nach *come, che, dove,* um einen Satz mit „sollen" oder „müssen" abzukürzen:
Non so che rispondere alle sue parole. Ich weiß nicht, was ich auf seine Worte antworten soll.
Non sappiamo come dirla ai suoi.
Wir wissen nicht, wie wir es den Seinen sagen sollen.

B Der Infinitiv mit *di* steht:

1) nach *essere* plus Eigenschaftswort und nach *avere* plus Hauptwort:
Siamo lieti di ricevere vostre notizie.
Es freut uns, Nachrichten von euch zu erhalten.
Avrei voglia di leggere un buon libro.
Ich hätte Lust, ein gutes Buch zu lesen.

2) nach Verben, die den Infinitiv als 4. Fall regieren:
Pensiamo di non andarci.
Wir beabsichtigen, nicht hinzugehen.

3) nach Verben, die ein sächliches Objekt im 4. Fall haben und ein persönliches im 3. Fall:
Gli chiederei di farmi un favore, se fossi sicuro che realmente me lo farebbe. Ich würde ihn um eine Gefälligkeit bitten, wenn ich sicher wäre, daß er sie mir wirklich täte.

4) nach Verben, die *di* auch vor einem Hauptwort haben:
Si pente del suo affrettato giudizio.
Er bereut sein übereiltes Urteil.

5) nach gewissen Haupt-, Eigenschafts- und Umstandswörtern sowie nach *prima, senza, dopo,* wenn Haupt- und Nebensatz das gleiche Subjekt haben:
Contento di rivedere sua nipote l'abbracciò e la baciò.
Erfreut, seine Enkelin wiederzusehen, umarmte und küßte er sie.
Prima d'andar via dobbiamo salutare gli ospiti.
Ehe wir weggehen, müssen wir uns von den Gästen verabschieden (die Gäste grüßen).

6) häufig bei gleichem Subjekt von Haupt- und Nebensatz:
Spero di poter venire presto.
Ich hoffe, daß ich bald kommen kann.

C Der Infinitiv mit *a* steht:

1) nach Verben, die Bewegung, Richtung oder Zweck ausdrücken:

Verremo a trovarti presto.
Wir werden dich bald besuchen.
Imparerete bene a suonare il pianoforte.
Ihr werdet gut Klavier spielen lernen.

2) nach den Eigenschaftswörtern *utile, facile, pronto, disposto, atto:*

Siamo disposti a concedervi uno sconto del 5 %. Wir sind bereit, Ihnen einen Rabatt von 5 % einzuräumen.
È un metodo facile a capire.
Es ist eine leichtverständliche Methode.

3) nach den Ordnungszahlen:

Il primo a venirle in aiuto era lui.
Der erste, der ihr zu Hilfe kam, war er.

4) zur Abkürzung eines Nebensatzes mit „wenn":

A sentire lui, non si direbbe che è milionario. Wenn man ihn hört, dächte man nicht, daß er Millionär ist.

D Der Infinitiv mit *da* steht:

1) wenn der Zweck oder eine zukünftige Tätigkeit ausgedrückt wird und wenn er von *avere* oder *essere* abhängt:

C'è poco lavoro e abbiamo tempo da vendere. Es ist wenig Arbeit da, und wir haben Zeit im Überfluß (zu verkaufen).
Non c'è da dubitare della sincerità delle sue parole.
An der Aufrichtigkeit seiner Worte ist nicht zu zweifeln.

2) wenn der Infinitiv einem Eigenschaftswort oder Partizip gleichkommt:

„Casa da vendere" si potrà leggere su cartelli.
„Haus zu verkaufen" kann man auf Plakaten lesen.
È una proposta da ridere, se ci si riflette bene.
Es ist ein Vorschlag zum Lachen, wenn man gut darüber nachdenkt.

UNDICESIMA LEZIONE

11   **NAPOLI ED IL SUO GOLFO**

Napoli, 19 giugno

Il viaggio da Roma a Napoli che nel primo tratto pareva un po' monotono nell'uniforme campagna romana (detto l'Agro Pontino) dopo il Capo Circeo offre visioni incantevoli. La costa

si incurva in due grandi golfi: quello di Gaeta con la città
omonima, dinanzi al quale sorge il gruppo delle Isole Ponziane
di origine vulcanica e quello di Napoli con le isole, pure vul-
caniche, di Ischia e Procida, con quel miracolo della natura che
è Capri e con la Penisola Sorrentina. Il litorale dominato dal
Vesuvio (famoso per le sue antiche e spaventose eruzioni) è
tutto un agglomerato urbano enorme. Vi sorgono industrie
siderurgiche, meccaniche, chimiche, raffinerie di oli minerali,
industrie tessili e alimentari: industrie legate all'attività del
porto che è il secondo dopo quello di Genova.

Napoli è dunque una grande città industriale, ma è nello
stesso tempo la città più festosa d'Italia. Una canzone dice:
„Questo è il paese del sole, questo è il paese del mare." Effet-
tivamente ci si sente estasiati da tutto questo azzurro sorprendente.

Vivendo a Napoli si è portati a partecipare alla vita di tutti.
Matrimoni, battesimi, cortei, banchetti di nozze avvengono di
solito fra canti e allegria di gente rumorosa e comunicativa.
Anche i costumi della provincia di Napoli gialli, rossi, blu e
la danza tipica, la tarantella napoletana, accompagnata da
chitarra, mandolino e tamburelli costituisce uno spettacolo
indimenticabile. Persino i funerali seguiti da una folla piuttosto movimentata, rendono lo spettacolo e il pensiero della
morte più familiare, meno pauroso.

Nonostante che in certe zone di Napoli regni la miseria più
squallida, la gioia di vivere trionfa più che altrove. Come
impressione generale direi che gli italiani sanno divertirsi. Per
loro la domenica è veramente giorno festivo. Tutti vanno o
al cinema o in gita o a ballare; anche i più poveri lo festeggiano
come possono magari facendosi radere dal barbiere per l'occasione.

Le chiese sono affollate durante la celebrazione della Santa

Messa e spesso sono anche il luogo di ritrovo fra parenti e amici che, terminati il rito, usciti dalla chiesa, vanno a fare due passi e quattro chiacchiere in attesa del pranzetto domenicale che, di regola è più succulento di quello degli altri giorni.

Nel pomeriggio, specie nei paesi, molti si contentano della partita a carte o a dadi, agli scacchi o a biliardo; in tutta l'Italia, alla domenica gli stadi si colmano di tifosi del calcio. Spesso si fa anche della musica in piazza. Le giostre, i lunapark ed i circhi equestri, a mio parere, s'incontrano meno frequentemente che in Germania, però non mancano nemmeno in Italia.

Un signore che conobbi in albergo mi diceva che oggi il cinema e la televisione hanno modificato molto il modo di divertirsi degli italiani e cresce ogni giorno il numero di quelli che ogni sera si chiudono in càsa e nulla li può strappare alla magia del teleschermo. Anche il gusto della conversazione, dei piccoli ricevimenti nei salotti è affievolito e a conti fatti non si sa se i vantaggi della televisione saranno tali, per la società umana, da compensarne gli svantaggi. Mi raccontava anche dei carnevali italiani che non sono più quelli d'una volta; ormai il carnevale di Viareggio e quello d'Ivrea hanno più che altro uno scopo turistico e sono manifestazioni del folklore italiano che vanno perdendo di spontaneità e di vivacità. Detto ciò, quel signore aggiunse che se volevamo goderci uno spettacolo caratteristico dovevamo andare al teatro San Carlino, dove davano una rappresentazione di „pupi", cioè di maschere meridionali, di cui grandi e piccini sono entusiasti.

Detto fatto! Siamo saliti in camera nostra a metterci in ghingheri per non mancare quando, di lì a un'oretta, il sipario si sarebbe alzato sulle gesta di Pulcinella e dei compagni. Arrivati noi in teatro, tutti gli occhi si puntarono sulle nostre persone forse un po' troppo ben vestite per l'ambiente. Lo spettacolo fu più che altro a base di risate e di legnate; tra l'altro il dialetto napoletano è, come gli altri dialetti italiani, difficilmente comprensibile per uno straniero. Ma devo dire che mi sono divertita lo stesso, se non altro perchè vedevo il pubblico torcersi dalle risa.

Da domani avrà inizio il nostro viaggio di ritorno. Ci fermeremo vari giorni a Rimini per cuocerci al sole e per riposarci. Poi visiteremo ancora Ravenna e Milano.

Wochentage *i giorni feriali*
Feiertage *i giorni festivi*
Silvester *S. Silvestro*
Neujahrstag *il Capo d'anno*
Dreikönig *l'Epifania (Befana)*
Faschingsdienstag
  il martedì grasso
Aschermittwoch
  il mercoledì delle ceneri
Karwoche *la settimana santa*
Gründonnerstag
  il giovedì santo
Karfreitag *il venerdì santo*
Karsamstag *il sabato santo*
Ostern *la Pasqua (di
  risurrezione)*

Feiertage und Feste – feste

Pfingsten *le Pentecoste
  (Pasqua delle rose)*
1. Mai *il giorno del lavoro*
Christi Himmelfahrt
  l'Ascensione
Fronleichnam
  il Corpus Domini
Mariä Himmelfahrt
  l'Assunzione (Ferragosto)
Allerheiligen *Ognissanti*
Allerseelen *il giorno dei morti*
Weihnachtsabend
  la vigilia di Natale
Weihnachten *Natale*
Geburtstag *il compleanno*
Namenstag *l'onomastico*
Taufe *il battesimo*
Erste Kommunion
  la prima Comunione
Firmung *la cresima*
Hochzeit *le nozze*
Begräbnis *il funerale*

Musikinstrumente
strumenti musicali

Baßgeige *il contrabbasso*
Cello *il violoncello*
Cembalo *il clavicembalo*
Dudelsack *la cornamusa;
  la zampogna*
Fagott *il fagotto*
Flöte *il flauto*
Flügel *il pianoforte a coda*
Geige *il violino*
Gitarre *la chitarra*
Harfe *l'arpa*
Horn *il corno*
Kastagnetten *le nacchere*

Klarinette *il clarinetto*
Klavier *il pianoforte*
Mandoline *il mandolino*
Oboe *l'oboe*
Orgel *l'organo*
Pauke *i timballi*
Posaune *il trombone*

Saxophon *il sassofono*	Trompete *la tromba*
Schlagzeug *la batteria*	Zither *la cetra*
Trommel *il tamburo*	Plattenspieler *il giradischi*
gr. Trommel *la grancassa*	Tonbandgerät *il registratore*

Vokabeln

tratto Strecke	*chiacchiera* Plauderei
uniforme gleichförmig	*succulento* üppig, saftig
incurvarsi sich krümmen	*dado* Würfel
omonimo gleichnamig	*scacchi pl.* Schach
dinanzi vor (örtl.)	*colmare* füllen bis zum
sorgere (unreg.) sich erheben	Rand
origine f. Ursprung	*tifoso* Sportfreund
penisola Halbinsel	*calcio* Fußball
litorale m. Küstenstrich	*giostra* Karussell
dominare beherrschen,	*strappare* fortziehen, weg-
überragen	reißen
spaventoso schrecklich	*teleschermo* Fernsehschirm
eruzione f. Ausbruch	*affievolire* schwächer werden
agglomerato Anhäufung,	*vantaggio* Vorteil
Zusammenballung	*svantaggio* Nachteil
urbano städtisch	*pupo* Marionette
siderurgico eisenverarbeitend	*mettersi in ghinghieri* sich in
tessile Textil-	Staat (Schale) werfen,
festoso festlich, vergnügt	herausputzen
effettivamente tatsächlich	*gesta f. pl.* Heldentaten
estasiato verzückt, begeistert	*puntare gli occhi* die Augen
corteo Umzug	richten
comunicativo aufgeschlossen,	*ambiente m.* Milieu,
mitteilsam	Umgebung
tamburello Handtrommel	*risata* Gelächter
movimentato bewegt	*legnata* Prügel
pauroso furchterregend	*torcersi pl.* (unreg.)
miseria Elend	sich winden
squallido elend, ärmlich	*il riso (le risa)* Lachen,
festeggiare feiern	Gelächter
radere (unreg.) rasieren	*cuocere* (unreg.) kochen,
ritrovo Zusammenkunftsort	schmoren

Das Mittelwort der Gegenwart (Partizip Präsens)

Das Partizip Präsens wird aus dem Infinitiv gebildet und hat
bei den Verben auf -*are* die Endung -**ante** und bei den Verben
auf -*ere* und -*ire* die Endung -**ente**. Es hat die Funktion eines

Eigenschaftswortes und kann durch Vorsetzen des Artikels auch zu einem Hauptwort werden:

il rappresentante der Vertreter, *l'ignorante* der Unwissende; *sorprendente* erstaunlich, *pesante* schwer, *pendente* hängend.

Bei einigen Partizipien, die einen Relativsatz ersetzen, ist die Bedeutung als Zeitwort noch vorhanden, z. B. *contenente* enthaltend, *limitante* einschränkend, *concernente* betreffend, *eccedente* darüber hinausgehend:

Il pacco contenente i regali è andato smarrito.
Das Paket, das die Geschenke enthielt, ging verloren.

Das Gerundium

Normalerweise wird das Gerundium nur bei gleichem Subjekt von Haupt- und Nebensatz angewendet. Es kann jedoch gelegentlich auch bei ungleichem Subjekt gebraucht werden, nur muß dann das Subjekt n a c h dem Gerundium stehen:

Essendo arrivato lui i presenti si alzarono.
Als er ankam, standen die Anwesenden auf.

Das Mittelwort der Vergangenheit (Partizip Perfekt)

Geht das Objekt voraus, so *kann* das Partizip mit diesem übereinstimmen:

Mi mostrò la lettera che aveva scritta.
Er zeigte mir den Brief, den er geschrieben hatte.

Mit dem Partizip allein ohne Hilfszeitwort (sog. *Part. assoluto)* kann ebenfalls ein Nebensatz abgekürzt werden, wobei das Verb passiv, intransitiv oder rückbezüglich sein kann. Das Partizip kann dann als Beifügung zum Subjekt, aber auch mit eigenem Subjekt stehen (würde der Nebensatz gebildet, müßte *essere* zum Partizip treten):

Sposata la figlia unica i genitori rimasero soli. Nachdem sich die einzige Tochter verheiratet hatte, waren die Eltern allein.

Auch ein Nebensatz mit aktivem Verb kann abgekürzt werden (in diesem Falle träte *avere* zum Partizip, falls der Nebensatz gebildet würde):

Ricevuta la lettera si mise subito a rispondervi. Nachdem er den Brief erhalten hatte, machte er sich sofort an die Beantwortung.

Man merke sich einige *Redewendungen* mit Partizipien:

detto fatto   sofort
detto ciò   nachdem er dies gesagt hatte
fatto ciò   nachdem er dies getan hatte
a cose fatte nach vollendeter Tatsache

Ist das Subjekt des verkürzten Satzes ein Fürwort, so muß das
betonte Fürwort gesetzt werden:
Arrivata me, si sedettero a tavola. Nachdem ich angekommen war, setzten sie sich zu Tisch.

11   NEAPEL UND SEIN GOLF

Die Fahrt von Rom nach Neapel, die am Anfang der Strecke
in der gleichförmigen Campagna Romana (genannt Agro Pontino) etwas eintönig wirkt, bietet nach dem Cap Circeo zau-
berhafte Ausblicke. Die Küste krümmt sich zu zwei großen
Golfen: dem von Gaeta mit der gleichnamigen Stadt, vor dem
sich die Gruppe der Pontinischen Inseln, die vulkanischen Ursprungs sind, erhebt, und dem von Neapel mit den ebenfalls
vulkanischen Inseln Ischia und Procida, mit dem Naturwunder
Capri und der Halbinsel von Sorrent. Der Küstenstrich, den
der Vesuv (berühmt durch seine grauenvollen Ausbrüche in der
Antike) beherrscht, ist eine einzige riesige städtische Zusam-
menballung. Es sind dort eisenverarbeitende, mechanische,
chemische Industrien aus dem Boden gewachsen, Mineralöl-
raffinerien, Textil- und Nahrungsmittelindustrien: Industrien,
die mit dem Umschlag im Hafen verbunden sind, dem zweit-
größten nach dem von Genua.
Neapel ist also eine große Industriestadt, doch gleichzeitig
die fröhlichste Stadt Italiens. Ein Lied sagt: „Dies ist der Ort
der Sonne, dies ist der Ort des Meeres." Tatsächlich fühlt man
sich begeistert von all dieser überraschenden Bläue.
Wenn man in Neapel lebt, wird man dazu veranlaßt, am
Leben aller teilzunehmen. Hochzeiten, Taufen, Umzüge, Hoch-
zeitsmähler gehen gewöhnlich unter Gesang und Heiterkeit
lärmender und mitteilsamer Leute vor sich. Auch die gelb-rot-
blauen Trachten der Provinz Neapel und der typische Tanz,
die neapolitanische Tarantella, begleitet von Gitarre, Mandoline und Tamburin, sind ein unvergeßliches Schauspiel.
Selbst die Begräbnisse, denen eine ziemlich bewegte Menschen-
menge folgt, machen den Anblick und den Gedanken des
Todes vertrauter und weniger furchterregend.
Obwohl in bestimmten Vierteln Neapels das größte Elend
herrscht, triumphiert dort die Lebensfreude mehr als anderswo. Dem allgemeinen Eindruck nach würde ich sagen, daß die
Italiener es verstehen, sich zu amüsieren. Für sie ist der Sonn-
tag wirklich ein Feiertag. Alle gehen entweder ins Kino oder
auf einen Ausflug oder tanzen; auch die Ärmsten feiern ihn,
wie sie können – womöglich indem sie sich aus diesem Anlaß
vom Barbier rasieren lassen.

Die Kirchen sind während der Feier der hl. Messe überfüllt und sind häufig auch der Treffpunkt von Verwandten und Freunden, die nach Beendigung des Gottesdienstes, wenn sie aus der Kirche herauskommen, ein paar Schritte gehen und einen Schwatz machen, in Erwartung des Sonntagsmahles, das gewöhnlich üppiger ist als das Essen an den anderen Tagen.

Am Nachmittag begnügen sich viele Leute, vor allem in den Dörfern, mit dem Karten- oder Würfelspiel, dem Schach- oder Billardspiel; in ganz Italien füllen sich sonntags die Sportplätze mit Fußballanhängern. Häufig wird auch auf dem Platz Musik gemacht. Karussells, Vergnügungsparks und Zirkusse findet man meiner Meinung nach weniger häufig als in Deutschland, doch fehlen sie auch in Italien nicht.

Ein Herr, den ich im Hotel kennenlernte, sagte mir, daß Film und Fernsehen die Art der Zerstreuungen der Italiener heute sehr verändert hätten und die Zahl derer täglich zunehme, die sich jeden Abend zu Hause einschließen und die nichts der Magie des Fernsehschirmes entreißen kann. Auch der Geschmack an der Unterhaltung, den kleinen Empfängen in den Salons ist schwächer geworden, und alles in allem weiß man nicht, ob die Vorteile des Fernsehens für die menschliche Gesellschaft so groß sein werden, daß sie seine Nachteile ausgleichen. Er erzählte mir auch vom italienischen Karneval, der nicht mehr derselbe ist wie einst; heute haben der Karneval von Viareggio und der von Ivrea hauptsächlich den Zweck der Hebung des Fremdenverkehrs und sind Manifestationen des italienischen Volkslebens, die immer mehr an Ursprünglichkeit und Schwung verlieren.

Nachdem er dies gesagt hatte, fügte jener Herr hinzu, daß wir, wenn wir ein charakteristisches Schauspiel genießen wollten, ins Theater San Carlino gehen müßten, wo eine Aufführung mit Marionetten gegeben wird, das heißt mit süditalienischen Masken, von der groß und klein begeistert ist.

Gesagt, getan! Wir gingen in unser Zimmer hinauf, um uns in Schale zu werfen und nicht zu fehlen, wenn sich in einem Stündchen der Vorhang über den Heldentaten des Pulcinell und seiner Gefährten heben würde. Als wir im Theater ankamen, hefteten sich aller Augen auf uns, die wir vielleicht für diese Umgebung etwas zu gut gekleidet waren. Der Vorstellung lagen mehr Gelächter und Prügel als sonst etwas zugrunde; übrigens ist auch der neapolitanische Dialekt, ebenso wie die übrigen italienischen Dialekte, für einen Ausländer schwer zu verstehen. Doch ich muß sagen, daß ich mich trotzdem amüsierte, schon allein darum, weil ich sah, wie sich das Publikum vor Lachen bog.

Morgen treten wir die Rückfahrt an. Wir werden uns

einige Tage in Rimini aufhalten, um in der Sonne zu rösten und uns auszuruhen. Dann werden wir noch Ravenna und Mailand besichtigen.

DODICESIMA LEZIONE

12

RIPOSO FORZATO

A RIMINI

Rimini, 24 giugno

Era tanto tempo che desideravamo immergerci nel mare azzurro e di crogiolarci al bel sole d'Italia che, appena arrivati a Rimini, siamo corsi alla spiaggia e ci siamo dati, senza alcun limite alla „talassoterapia". Altro che terapia! Siamo finiti a letto tutti e due. Mio marito ha un eritema solare, io una tonsillite coi fiocchi. Abbiamo entrambi febbre piuttosto alta, mal di testa, inappetenza, insonnia. Abbiamo fatto venire un dottore, che, entrando, ci ha sorriso e ci ha chiesto quanto tempo eravamo stati al sole ed in acqua.

Ha detto che l'esposizione al sole e le bagnature devono essere soggette a regole fissate dalla scienza medica. Per di più l'aria marina è stimolante e richiede un periodo di adattamento. Anche il cambiamento d'aria perciò nei primi tempi influisce sull'organismo e lo affatica e specialmente noi, che siamo nati e cresciuti in paesi più a nord, dobbiamo usare prudenza. Le malattie che ci siamo buscate non sono gravi di per se stesse, ma possono andare soggette a pericolose complicazioni. Il medico ci ha esaminato il cuore, i polmoni ed i bronchi e ha chiesto quali malattie infettive abbiamo avuto.

Io ho risposto che nella mia infanzia ho goduto ottima salute. Mio marito, invece, le ha avute tutte: scarlattina, morbillo, tosse canina (pertosse), varicella, orecchioni (parotite) e persino il tifo. La visita lunga e accurata mi aveva un po' preoccupata. Perciò ho chiesto quali potrebbero essere le complicazioni della tonsillite e dell'eritema. Il medico ha acennato alla nefrite, alla meningite e ad altre diavolerie, ma mi ha assicurato che se avesse avuto dei sospetti veri e propri avrebbe fatto esami del sangue e dell'orina. Poi mi ha tolto alcune placche dalle tonsille e ha rilevato che avevo la lingua patinosa, per cui avrei fatto bene a prendere un colagogo-lassativo per il fegato e l'intestino. Mi ha prescritto anche una cura ricostituente italiana molto efficace da fare più avanti.

Così ora abbiamo messo insieme una piccola farmacia di fiale, supposte, flaconi, pomate, siringhe, cotone idrofilo, spirito, etere ecc. Mi sono guardata a lungo nello specchio, stamattina: „Mi pare che la tonsillite mi abbia invecchiata di 10 anni."

„Non aver paura", ha detto mio marito, „non sei invecchiata! Non hai nemmeno raggiunto . . . l'età della ragione!"

„E tu non hai cessato di essere insolente nemmeno con 39⁰ di febbre! Chissà che cosa diventerai quando la febbre sarà cessata!"

Mio marito è saltato dal letto fingendosi in preda alle furie. „Insolente io? Come osi chiamare insolente un gentiluomo del mio stampo?"

„Torna a letto, per carità", ho gridato io, „col febbrone che hai ed i pasti che hai dovuto saltare, vai a finire per terra."

A proposito di pasti, credo che ci toccherà pagare ugualmente la pensione intera. Sarà la nostra punizione per non aver saputo resistere alle tentazioni: siamo voluti uscire troppo presto dal guscio protettore dei nostri vestiti. Del resto non abbiamo potuto lamentarci di quel che è successo per colpa nostra come non ci siamo potuti lamentare del trattamento dell'albergo in questi giorni. Sono stati gentili con noi e ci hanno assistito per quanto era nelle loro possibilità.

Oggi poi è anche piovuto e tutto sommato, pensando che alla spiaggia non si poteva andare lo stesso, l'abbiamo presa con filosofia. Del resto siamo qui insieme: „Mal comune mezzo gaudio!" E non è dovere del matrimonio dividere le gioie ed i dolori?

Vokabeln

forzato erzwungen
immergersi (unreg.)
  eintauchen
crogiolare schmoren
talassoterapia Meerestherapie
coi fiocchi tüchtig (Italianismus)
entrambi beide
inappetenza Appetitlosigkeit
insonnia Schlaflosigkeit
esposizione f. Aussetzen
bagnatura Baden, Badekur
soggetto unterworfen
scienza Wissenschaft
stimolante anregend
adattamento Anpassung
cambiamento d'aria
  Luftveränderung
influire beeinflussen
affaticare ermüden
prudenza Vorsicht
buscarsi sich zuziehen
infettivo ansteckend

infanzia Kindheit
diavoleria Teufelszeug
sospetto Verdacht
orina Urin
placca Belag (Mandeln)
lingua patinosa belegte Zunge
collagogo Gallemittel
lassativo Abführmittel
prescrivere verschreiben
cura ricostituente
  Kräftigungskur
insolente frech, unverschämt
in preda alle furie
  aufgebracht, wütend sein
del mio stampo
  von meinem Schlag
saltare überspringen
punizione f. Strafe,
  Bestrafung
resistere widerstehen
tentazione f. Versuchung
guscio, Hülle, Schale
gaudio Freude

Hilfszeitwörter (Hilfsverben)

Man unterscheidet bei den Zeitwörtern sog. transitive, d. h. solche, die ein Objekt nach sich haben, und intransitive, die einen Zustand, das Wesen des Subjekts ausdrücken.

Die zusammengesetzten Zeiten der *transitiven* Verben werden mit *avere* gebildet:

  Avete mangiato le ciliegie?
  Habt ihr die Kirschen gegessen?
  Il contadino ha coltivato il campo.
  Der Bauer hat das Feld bebaut.

Die zusammengesetzten Zeiten der *intransitiven* Verben werden nur mit *avere* gebildet, wenn sie eine *Tätigkeit* ausdrücken, hingegen mit *essere*, wenn sie einen *Zustand* ausdrücken:

  Abbiamo lavorato tutto il giorno.
  Wir haben den ganzen Tag gearbeitet.
  Siamo nati in Germania ma cresciuti in Italia. Wir sind in Deutschland geboren, aber in Italien aufgewachsen.

Manche Zeitwörter können transitiv *und* intransitiv sein:

La famiglia Rossi *ha* cominciato le sue vacanze.
Die Familie R. hat ihre Ferien angefangen.
A b e r : Le vacanze *sono* cominciate.
Die Ferien haben angefangen.

I capelli bianchi *hanno* invecchiato la donna.
Die weißen Haare haben die Frau alt gemacht.
A b e r : La donna *è* invecchiata. Die Frau ist gealtert.

La ditta *ha* cessato la sua attività.
Die Firma hat ihre Tätigkeit eingestellt.
A b e r : La pioggia *è* cessata. Der Regen hat aufgehört.

Bei Zeitwörtern, die eine *Bewegung* ausdrücken, wird die zusammengesetzte Zeit mit *essere* gebildet, wenn das Ziel oder der Zweck hervorgehoben werden soll. Wird mehr die Bewegung hervorgehoben oder ist ein Objekt vorhanden, so wird *avere* verwendet:

Siamo saliti sul Monte Titano.
Wir sind auf den M. T. gestiegen.
Abbiamo salito le scale senza servirci dell'ascensore.
Wir sind die Treppe hinaufgestiegen, ohne den Aufzug zu benutzen.
Il disgraziato è saltato dalla finestra.
Der Unglückliche ist aus dem Fenster gesprungen.
Abbiamo saltato parecchie pagine del libro.
Wir haben einige Seiten des Buches überschlagen.

Andare, partire, venire, arrivare, entrare, uscire werden daher immer mit *essere* zusammengesetzt.

Bei *viaggiare, girare, incontrare, nuotare, camminare* steht – entgegen dem Deutschen – *avere*.

Die modalen Hilfszeitwörter *dovere, potere, sapere, volere* verlangen in Verbindung mit dem Infinitiv eines anderen Verbums das Hilfszeitwort dieses Verbums, dagegen im absoluten Sinn *avere*:

Siamo dovuti partire improvvisamente.
Wir haben unvermutet abreisen müssen.
Perchè non sei voluto uscire?
Warum hast du nicht fortgehen wollen?
Non ha saputo resistere alla tentazione.
Er hat der Versuchung nicht widerstehen können.

Werden die zusammengesetzten Zeiten dieser modalen Hilfsverben mit einem Hilfszeitwort und einem rückbezüglichen Zeitwort gebildet, so kann das rückbezügliche Fürwort entweder an den Infinitiv angehängt werden unter Verwendung von *avere,* oder vor das modale Hilfszeitwort gestellt werden unter Verwendung von *essere:*

Non abbiamo potuto lamentarci del trattamento, oder:
Non ci siamo potuti lamentare del trattamento.
Wir haben uns nicht über die Behandlung beklagen können.

Unpersönliche Verben verlangen – entgegen dem Deutschen – *essere:*

La musica è piaciuta molto. Die Musik hat sehr gefallen.
È dipeso da tante cose. Es hing von vielen Dingen ab.

Dasselbe gilt auch für Ausdrücke des *Wetters:*
È *piovuto* es hat geregnet; è *nevicato* es hat geschneit.

12   ERZWUNGENE RUHE IN RIMINI

Schon lange wünschten wir uns, ins blaue Meer zu tauchen und in der schönen italienischen Sonne zu schmoren, so daß wir, kaum in Rimini angekommen, an den Strand liefen und uns rückhaltlos der „Meerestherapie" hingaben. Und was für einer Therapie! Wir landeten beide im Bett. Mein Mann hat einen Sonnenausschlag, ich eine gehörige Mandelentzündung. Beide haben wir ziemlich hohes Fieber, Kopfschmerzen, Appetitlosigkeit, Schlaflosigkeit. Wir ließen einen Doktor kommen, der uns zulächelte, als er eintrat, und fragte, wie lange wir in der Sonne und im Wasser gewesen seien.

Er sagte, daß das Sonnenbaden und der Aufenthalt im Wasser von der ärztlichen Wissenschaft festen Regeln unterworfen werden müßten. Überdies sei die Seeluft anregend und erfordere eine gewisse Zeit der Anpassung. Auch die Luftveränderung beeinflusse in der ersten Zeit den Organismus und ermüde ihn, und besonders wir, die wir in nördlicheren Ländern geboren und aufgewachsen seien, müßten Vorsicht walten lassen. Die Krankheiten, die wir uns zugezogen hätten, seien an sich nicht schwer, könnten jedoch gefährliche Komplikationen nach sich ziehen. Der Arzt untersuchte Herz, Lunge und Bronchien und fragte, welche Infektionskrankheiten wir gehabt hätten.

Ich antwortete, daß ich mich in meiner Kindheit einer ausgezeichneten Gesundheit erfreut hätte. Mein Mann hat hingegen alles gehabt: Scharlach, Masern, Keuchhusten, Windpocken, Mumps und sogar Typhus. Die lange und sorgfältige Untersuchung machte mich etwas besorgt. Daher fragte ich, welches die Komplikationen der Mandelentzündung und des Ausschlages sein könnten. Der Arzt deutete Nierenentzündung, Gehirnhautentzündung und anderes Teufelszeug an, versicherte mir jedoch, daß er, wenn er tatsächlich Verdacht gehabt hätte, das Blut und den Urin untersucht haben würde. Dann entfernte er bei mir etwas Mandelbelag und bemerkte, daß ich eine belegte Zunge hätte und deshalb gut daran täte, ein Galle- und Abführmittel zu nehmen für die Leber und den Darm. Er verschrieb mir auch eine italienische Kräftigungskur, die ich später machen sollte.

So haben wir nun eine kleine Apotheke aus Ampullen, Zäpfchen, Fläschchen, Pomaden, Spritzen, keimfreier Watte, Spiritus, Äther usw. beisammen. Ich habe mich heute morgen lange im Spiegel betrachtet: „Mir scheint, die Mandelentzündung hat mich um zehn Jahre älter gemacht."

„Keine Angst", sagte mein Mann, „du bist nicht gealtert. Du hast noch nicht einmal ... das Alter der Vernunft erreicht!"

„Und du hast nicht einmal bei 39 Grad Fieber aufgehört, frech zu sein! Wer weiß, wie du erst sein wirst, wenn das Fieber vorbei ist!" – Mein Mann sprang aus dem Bett und stellte sich wütend. „Ich und frech? Wie kannst du es wagen, einen Gentleman meines Schlages frech zu nennen?"

„Geh um Gottes willen wieder ins Bett", rief ich, „bei dem hohen Fieber, das du hast, und den Mahlzeiten, die du überspringen mußtest, wirst du sonst parterre landen!"

Bezüglich der Mahlzeiten glaube ich, daß wir genauso die volle Pension zahlen müssen. Es wird unsere Strafe sein, weil wir den Versuchungen nicht zu widerstehen vermochten: wir wollten zu rasch aus den schützenden Hüllen unserer Kleider heraus. Im übrigen konnten wir uns nicht über das beklagen, was durch unsere Schuld passierte, wie wir uns nicht über die Verpflegung des Gasthauses in diesen Tagen beklagen konnten. Sie waren freundlich mit uns und pflegten uns, soweit es ihnen möglich war.

Heute hat es auch geregnet, und alles in allem haben wir es, in dem Gedanken, daß man doch nicht an den Strand gehen konnte, mit Philosophie hingenommen. Im übrigen sind wir hier beisammen: „Geteiltes Leid ist halbes Leid!" Und ist es nicht Pflicht in der Ehe, Freuden und Schmerzen zu teilen?

13

INSEGNAMENTO A RIMINI

Rimini, 27 giugno

Siamo ancora a Rimini, ma ripartiremo domani. Non credo che conserveremo un bel ricordo di questa spiaggia. E dire che tutti ne sono entusiasti. Beh! Colpa mia, anzi, nostra. Dovevamo pensarci prima! Stamattina poi ho passato tre ore con un professore di lettere, persona molto colta che mi ha parlato della Pubblica Istruzione in Italia. L'argomento può parere noioso, ma per me non lo era, perchè la cosa mi interessava molto. Anzi, voglio scrivere vari appunti sull'argomento per non dimenticarmene. Così sto un po' in camera in riguardo e unisco l'utile al dilettevole. Spero di non confondermi; voglio riflettere bene per porre giù queste note con ordine. Mio marito non era presente; arrivò dopo che il professore ebbe terminato la sua esposizione. Mi dispiace perchè così non avrà un'idea precisa sull'argomento e non sarà in grado di aiutarmi ora a ricordare tutto.

Lo stato italiano provvede direttamente alla pubblica istruzione, al cui Ministero spetta il compito di provvedere alle Scuole elementari, medie e superiori e di curare il patrimonio artistico italiano. L'istruzione è obbligatoria dal 6^0 al 14^0 anno di età e l'insegnamento è impartito in lingua italiana, tranne che nella valle d'Aosta e nell'Alto Adige dove la popolazione è bilingue. Vi è anche la scuola materna per i piccoli dai 3 ai 6 anni. Colla licenza elementare (cinque classi) mediante un esame di ammissione si può accedere alle scuole di avviamento professionale di vario tipo e indirizzo, alla scuola media unica, ai conservatori musicali, agli istituti e alle scuole d'arte. La scuola media dura tre anni e da essa sola si può accedere al ginnasio superiore, al liceo scientifico, al liceo artistico e agli istituti magistrali e tecnici.

La licenza media apre insomma tutte le vie. Dal solo ginnasio superiore però si può accedere al liceo classico, e dopo tre anni colla maturità classica si trova aperta la via a tutte le facoltà universitarie. Il diploma di maturità scientifica invece non permette di essere direttamente ammessi a „lettere e filosofia", „giurisprudenza" e „magistero". L'istituto tecnico ha vari indirizzi: agrario, industriale, nautico, commerciale e per geometri. L'istituto magistrale prepara all'insegnamento nelle scuole elementari e apre la via alla facoltà universitaria di Magistero. Dall'istituto artistico si può accedere alla facoltà di architettura o scegliere uno dei vari indirizzi delle accademie di belle arti (pittura, scultura, decorazione o scenografia). Le facoltà universitarie sono 15. Le sedi universitarie più celebri sono il Politecnico di Torino, l'Università Bocconi e Cattolica di Milano, Ca' Foscari a Venezia e le antichissime Università di Padova, Bologna, Pisa, Firenze ecc.

In Italia si studiano ora anche molto le lingue straniere, come del resto dappertutto e vi sono molte scuole tenute da religiosi e religiose, da privati e scuole in zone climatiche sul tipo di quelle frequentissime in Isvizzera. I collegi italiani tuttavia sono nella grande maggioranza cattolici. Vi sono i seminari per i futuri sacerdoti che spesso hanno sedi antiche di bellezza eccezionale per architettura e posizione.

Spero che io non mi sia dimenticata nulla d'importante. Mio marito non voleva che facessi questo sforzo e mi ha detto che riposassi un po' il mio cervello perchè non mi ritornasse la febbre. Ma ora sono contenta di aver fissato sulla carta queste cose che mi saranno utili in avvenire.

Vokabeln

ripartire wieder abreisen
colto gebildet
istruzione pubblica öffentl. Unterrichtswesen
argomento Thema
appunto Notiz
riguardo Schonung
unire vereinen, verbinden
dilettevole angenehm
confondersi verwirrt werden
riflettere (unreg.) überlegen
porre giù (unreg.) niederlegen
nota Notiz
esposizione Darlegung

provvedere (unreg.) sorgen
ministero Ministerium
spettare a gebühren, zustehen
compito Aufgabe
scuola elementare Volksschule
scuola media Mittelschule
scuola superiore Oberschule
patrimonio Vermögen, Besitz
obbligatorio obligatorisch
insegnamento Unterricht
impartire erteilen
tranne che mit Ausnahme von
Alto Adige Oberetsch, Südtirol

bilingue zweisprachig
scuola materna Kinderschule
licenza Abgangszeugnis
mediante mittels
ammissione f. Zulassung
accedere (unreg.) Zutritt
    haben
avviamento Ausbildung
indirizzo Adresse, Ausrich-
    tung
scientifico wissenschaftlich
istituto magistrale Lehrer-
    seminar
maturità Reifeprüfung,
    Abitur
facoltà Fakultät
lettere f. Pl. Literatur
giurisprudenza Jurisprudenz,
    Jus

magistero Lehramt
liceo classico humanistisches
    Gymnasium
liceo scientifico Real-
    gymnasium
agrario Landwirtschafts-
nautico Seemanns-
geometra m. Geometer
scenografia Bühnenbildnerei
sede f. Sitz
politecnico techn. Hochschule
religioso Ordensgeistlicher
collegio Internat
maggioranza Mehrheit
sacerdote Geistlicher
eccezionale außerordentlich
posizione f. Lage
sforzo Anstrengung
cervello Gehirn

Der Gebrauch der Zeiten

1) Das *Präsens* kann an Stelle des Futurs gebraucht werden,
wenn klar erkennbar ist, daß die Handlung in der Zukunft
liegt, oder wenn ein Ereignis unmittelbar bevorsteht:

Domani andiamo a visitare gli Uffizi.
Morgen besichtigen wir die Uffizien.

Es kann auch an die Stelle einer Vergangenheit treten, wenn
Einzelheiten hervorgehoben werden sollen.

2) Das *Perfekt* drückt eine Handlung aus, die sich in einem
noch nicht abgeschlossenen Zeitraum abspielt, oder die sich
zwar in einem abgeschlossenen Zeitraum abspielt, deren Wir-
kungen aber noch in die Gegenwart hereinreichen:

Quest'anno abbiamo fatto il nostro primo viaggio oltre-
oceano. Dieses Jahr haben wir unsere erste Reise nach
Übersee gemacht.
Leonardo da Vinci ha fatto delle invenzioni in quasi tutti
i campi della tecnica. L.d.V. hat auf fast allen Gebieten der
Technik Erfindungen gemacht.

3) Das *Imperfekt* wird meist nach *mentre* = „während" ge-
braucht. Stehen *zwei* Handlungen oder Begebenheiten in der
Vergangenheit, so steht die *unterbrochene* Handlung im
Imperfekt und die *unterbrechende* im *Passato remoto*:

Mentre eravamo seduti al tavolo Enzo spalancò la porta con grande fracasso. Während wir am Tisch saßen, riß Enzo die Tür mit großem Getöse auf.

Gelegentlich kann das Imperfekt auch an Stelle eines Konditionals stehen, vor allem bei *potere* und *dovere*:

Dovevi dirmelo prima. Du hättest es mir eher sagen sollen.

4) Das verhältnismäßig seltene *Plusquamperfekt* (die zusammengesetzte Zeit des Imperfekts) drückt mehr die *Wirkung* einer Handlung aus. Auch vom Passato remoto gibt es eine zusammengesetzte Zeit, das *Trapassato remoto*, das eine vorangegangene Handlung und deren Vollendung ausdrückt und häufig nach *dopo che, appena che* steht:

Dopo che ebbe terminato il suo lavoro potemmo recarci da lui. Nachdem er seine Arbeit beendet hatte, konnten wir uns zu ihm begeben.

5) *Das Futur* dient auch dazu, Abschätzung, Zweifel und Ungewißheit auszudrücken:

Avrai un'opinione sbagliata su di lui. Du hast vielleicht eine falsche Meinung von ihm.

Es kann auch an die Stelle der Gegenwart von „müssen", „mögen", „sollen" treten, und es kann auf *se* = „wenn" folgen, wenn im abhängigen Satz eine zukünftige Handlung zum Ausdruck kommt:

Se mi dirai cosa devo fare, lo farò senz'altro. Wenn du mir sagst, was ich tun soll, werde ich es ohne weiteres tun.

6) *Der Konditional* wird beim Ausdruck von Vergangenem zum Condizionale passato:

Non avrei mai creduto che lui fosse capace di tanto. Ich hätte nie geglaubt, daß er soviel vermöchte.

Gehört das im Konditional stehende Verb zu den Verben, die den Konjunktiv verlangen, so muß der Konjunktiv Imperfekt folgen. Siehe Regeln über die Zeitenfolge.

Der Modus der indirekten Rede

Bei bestimmter, bejahender Aussage wird in der indirekten Rede der Indikativ verwendet, bei verneinter, unbestimmter Aussage hingegen der Konjunktiv. Der Imperativ der direkten Rede wird zu einem Konjunktiv der indirekten Rede. Außerdem ist die Zeitenfolge zu beachten, wobei auf ein Präsens auch ein Futur, und auf eine Vergangenheit der Konditional folgen kann. Bei gleichem Subjekt ist auch eine Verkürzung mit dem Infinitiv möglich:

Gli dissi che facesse prima quel lavoro e che prendesse poi
le sue vacanze perchè è indispensabile fare prima il proprio dovere. – Ich sagte ihm, daß er zuerst jene Arbeit
mache und dann seinen Urlaub nähme, denn es ist uner-
läßlich, zuerst seine Pflicht zu tun.

Der menschliche Körper

il corpo umano

Achselhöhle *l'ascella*
Ader *la vena*
Arm *il braccio (le braccia)*
Auge *l'occhio*
Augenlid *la palpebra*
Augenbrauen *le sopracciglia*
Backe, Wange *la guancia*
Bauch *la pancia*
Bein *la gamba*
Blase *la vescica*
Bronchien *i bronchi*
Brust *il petto*
Busen *il seno*
Darm *l'intestino*
Daumen *il pollice*
Ellenbogen *il gomito*
Ferse *il calcagno*
Finger *il dito (le dita)*
   Zeigefinger *l'indice*
   Mittelfinger *il medio*
   Ringfinger *l'anulare*
   kleiner Finger *il mignolo*
Fingernagel *l'unghia*
Fuß *il piede*
Fußsohle *la pianta del piede*
Galle *la bile*
Gaumen *il palato*
Gehirn *il cervello*
Gesäß *il deretano*
Gesicht *la faccia, il viso*
Haare *i capelli*
Hals *il collo*
Hand *la mano (le mani)*

Handfläche *la palma della
   mano*
Handgelenk *il polso*
Handrücken *il dorso della
   mano*
Haut *la pelle*
Herz *il cuore*
Hüfte *l'anca*
Kinn *il mento*
Knie *il ginocchio*
Knöchel, Fessel *la caviglia*
Kopf *la testa*
Leber *il fegato*
Leiste *l'inguine*
Lippe *il labbro (le labbra)*
Lunge *i polmoni*
Magen *lo stomaco*
Mandeln *le tonsille*
Milz *la milza*
Mund *la bocca*
Nabel *l'ombelico*
Nacken *la nuca*
Nase *il naso*
Nasenlöcher *le narici*
Nieren *le reni*
Oberarm *l'omero*
Oberkiefer *la mascella*
Oberkörper *il torace, il busto*
Oberschenkel *il femore*
Ohr *l'orecchio*
Ohrläppchen
   il lobo dell'orecchio
Rippe *la costola*

Rist *il collo del piede*	Unterkiefer *la mascella*
Rücken *il dorso (la schiena)*	Unterleib *l'addome*
Rumpf *il tronco*	Wade *il polpaccio*
Rückgrat *la vertebra*	Wimpern *le ciglia*
Schädel *il cranio*	Wirbelsäule
Schienbein *la tibia*	*la colonna vertebrale*
Schilddrüse *la tiroide*	Zahn *il dente*
Schulter *la spalla*	Zahnfleisch *la gengiva*
Schläfen *le tempie*	Zehe *il dito*
Schlüsselbein *la clavicola*	*(i diti)*
Stirn *la fronte*	Zehe, große *l'alluce*
Taille *la vita*	Zunge *la lingua*
Unterarm *l'avambraccio*	Zwerchfell *il diaframma*

13   BELEHRUNG IN RIMINI

Wir sind noch in Rimini, doch werden wir morgen abreisen.
Ich glaube nicht, daß wir diesen Strand in guter Erinnerung
behalten werden. Und zu denken, daß alle begeistert davon
sind! Hm! Meine – oder besser – unsere Schuld. Wir hätten
vorher daran denken sollen. Heute vormittag habe ich dann
drei Stunden mit einem Literaturprofessor verbracht, einem
sehr gebildeten Mann, der mir vom öffentlichen Unterrichtswesen in Italien erzählte. Das Thema mag langweilig erscheinen, doch für mich war es das nicht, denn dieses Gebiet inter-
essierte mich sehr. Ja ich will mir sogar einige Notizen über
das Thema machen, um nichts davon zu vergessen. So bleibe
ich zur Schonung ein wenig im Zimmer, indem ich das Nütz-
liche mit dem Angenehmen verbinde. Hoffentlich komme ich
nicht durcheinander; ich will gründlich nachdenken, damit ich
diese Notizen der Reihe nach niederlegen kann. Mein Mann
war nicht dabei; er kam erst, nachdem der Professor seine
Darlegungen beendet hatte. Ich bedaure es, denn so wird er
keine genaue Vorstellung von dem Thema haben und nicht
imstande sein, mir jetzt zu helfen, mich an alles zu erinnern.
Der italienische Staat verwaltet unmittelbar das öffentliche
Unterrichtswesen, dessen Ministerium die Aufgabe zufällt, die
Volks-, Mittel- und Oberschulen zu betreuen und den italienischen Kunstbesitz zu pflegen. Der Schulbesuch ist vom 6. bis
zum 14. Lebensjahr Pflicht, und der Unterricht wird in italienischer Sprache erteilt, außer im Aostatal und in Südtirol, wo
die Bevölkerung zweisprachig ist. Es gibt auch eine Kinderschule für die Kleinen von 3 bis 6 Jahren. Mit dem Volksschul-
zeugnis (5 Klassen) kann man nach einer Zulassungsprüfung
auf die Berufsschulen verschiedener Art und Richtung über-

gehen, auf die Einheits-Mittelschule, auf die Musikkonservatorien sowie die Kunstinstitute und -schulen. Die Mittelschule dauert drei Jahre, und nur von da aus kann man ins Oberlyzeum, ins Realgymnasium, in die Kunstoberschule, die Lehrerseminare und die Realschulen übertreten.

Die mittlere Reife öffnet im ganzen alle Wege. Jedoch nur vom Oberlyzeum aus wird man zum humanistischen Gymnasium zugelassen, und nach drei Jahren ist mit der humanistischen Reifeprüfung der Weg zu allen Universitätsfakultäten frei. Das Reifezeugnis des Realgymnasiums gestattet indessen nicht, unmittelbar zum Studium der Literatur und Philosophie, der Jurisprudenz und zum höheren Lehramt zugelassen zu werden. Die Realschule hat verschiedene Zweige: Landwirtschaft, Industrie, Schiffahrt, Handel und eine Ausbildung für Geometer. Das Lehrerseminar bereitet auf den Unterricht an den Volksschulen vor und öffnet den Weg zur Universitätsfakultät des Lehramtes. Von der Kunstschule kann man zur Fakultät für Architektur gehen oder einen der verschiedenen Zweige der Kunstakademien wählen (Malerei, Bildhauerei, Dekoration und Bühnenbildnerei). Es gibt 15 Universitätsfakultäten. Die berühmtesten Universitäten haben ihren Sitz in: Turin, Technische Hochschule; Mailand, katholische Universität Bocconi; Venedig, Ca' Foscari; und in Padua, Bologna, Pisa, Florenz usw., wo die ganz alten Universitäten sind.

In Italien studiert man jetzt auch häufig Fremdsprachen wie übrigens überall, und es gibt viele Schulen, die von Ordensgeistlichen und von Schwestern oder von Privatpersonen geführt werden, und Schulen an Luftkurorten nach Art der in der Schweiz so zahlreichen Institute. Die italienischen Internate sind jedoch in überwiegender Zahl katholisch. Es gibt Seminare für die künftigen Geistlichen, die oft ihren Sitz an antiken Orten von außergewöhnlicher Schönheit – was sowohl die Architektur als auch die Lage betrifft – haben.

Hoffentlich habe ich nichts Wichtiges vergessen. Mein Mann wollte nicht, daß ich mich so anstrenge, und sagte, ich solle ein wenig mein Hirn ausruhen, damit nicht das Fieber zurückkomme. Doch nun bin ich froh, daß ich diese Dinge, die mir in Zukunft nützlich sein werden, auf dem Papier festgehalten habe.

14

FERMATA A RAVENNA

ED A FORLI

28 giugno

Ravenna è una città notevolissima. I mosaici richiamano molti turisti e fanno di essa una città eminentemente artistica. Ma i recenti ed enormi impianti industriali e l'isola di ferro sorta di fronte alla città per il rifornimento di combustibile alle navi, ne fanno anche una città industriale di grande avvenire. Oltre a ciò la campagna che la circonda è fertile, ricca ed intensamente coltivata, perciò Ravenna sembra una moderna terra promessa.

Noi ci siamo limitati a visitare la tomba di Dante, il Mausoleo di Teodorico, il sepolcro di Galla Placidia e la chiesa di San Vitale. Per via ci eravamo fermati a visitare la stupenda basilica di Sant'Apollinare in Classe. Siccome noi abbiamo notato che in questa città di provincia ci sono negozi degni di una metropoli e prezzi più modesti, ci siamo fermati a fare qualche acquisto.

Il pomeriggio dello stesso giorno ripartimmo per Milano e ci dirigemmo verso la Via Emilia. Giunti a Forlì, altra piccola e modernissima città romagnola, ci fermammo al Caffè dello Sport, che è proprio sulla grande strada, tracciata dagli antichi Romani per ordine del console Emilio Lepido. Il locale era affollatissimo perchè si attendeva da un momento all'altro che

109

passassero i concorrenti di non so quale corsa ciclistica.

Tutti discutevano animatamente: „Sono certo che il vincitore sarà lui!" – „Io temo che arrivi per ultimo!" – „Le dico che è lui il migliore! Lo sa che è stato il primo anche nelle tappe precedenti?" – „Appunto per questo temo che oggi non abbia avuto la forza di battersi fino in fondo!" – „Col suo fisico e la sua volontà Le dirò che arriverà primo anche oggi!"

Io non sapevo nemmeno di chi parlassero e guardavo divertita tutte quelle facce rosse ed animate. Però quello che sosteneva con tanta fede il suo eroe mi riuscì particolarmente simpatico e così, io, che sapevo nemmeno chi era questo campione, mi accorsi che temevo che non arrivasse primo. Il tifo è comunicativo!

Fortuna volle che di lì a poco quel tale corridore giungesse e passasse davanti al caffè dello Sport per primo. „Ha visto che è arrivato primo? Non avrei parlato così se non avessi saputo quel che dicevo!" A momenti litigavano. Gli italiani sono molto tifosi. Essi dicono di essere „sportivi" ma ho l'impressione che dicendo questo essi intendano solo che si appas--sionano allo sport, non che lo praticano.

In Italia il calcio e il ciclismo sono gli sport più diffusi e più popolari, seguiti da milioni di persone e anche praticati da moltissimi. Subito dopo vengono: il pugilato, l'automobilismo, il motociclismo, la pallacanestro, le gare equestri (l'ippica, cioè: corse al trotto, al galoppo e agli ostacoli), il tennis e l'atletica leggera. Vi sono anche altri sport d'importazione estera (come il rugby o palla ovale e lo judo) che cominciano a fare proseliti, ma questi ultimi sono pochissimi in confronto ai tifosi e ai giocatori di calcio o ai ciclisti. La ginnastica e la scherma sono rappresentate in Italia da grandi campioni. Proprio a Forlì vivono le due sorelle Cicognani, ginnaste di fama mondiale.

Cominciano ad essere popolari in Italia le gare di nuoto e gli sport invernali. Le Alpi e gli Appennini offrono molti luoghi di soggiorno invernale attrezzatissimi e si va sempre più diffondendo in Italia l'abitudine di usufruire delle vacanze invernali per andare sui campi da sci. Il pattinaggio su ghiaccio è meno diffuso; parecchi bambini pattinano invece coi pattini a rotelle perfino sulla pubblica via. Molto bello a vedersi è anche lo sci acquatico e le campionesse italiane non sono inferiori a nessun'altra in Europa.

110

Certo che lo sport fa anche la fortuna dei caffè. Quante aranciate, caffè, gelati, cioccolate, tè, bibite, cioccolatini, caramelle, paste ecc. ho visto sparire in quelle bocche, inaridite dal caldo e dalle discussioni. Noi abbiamo bevuto un ottimo tamarindo, seguito da un cono gelato e ci siamo riforniti di panini imbottiti e di focacce per il viaggio.

Sport – sport

Bob *la guidoslitta*
Boxen *il pugilato*
Eisschießen *il disco sul ghiaccio*
Fechten *la scherma*
Freistilringen *la lotta libera*
Fußball *il calcio*
Galopprennen *la corsa al galoppo*
Gewichtheben *il sollevamento di pesi*
Hammerwerfen *il lancio del martello*
Hindernisrennen *la corsa agli ostacoli*
Hochsprung *il salto in alto*
Jagd *la caccia*
Kegeln *il gioco dei birilli*
Korbball *la pallacanestro*
Leichtathletik *l'atletica leggera*
Pferderennen *la corsa ippica*
Radsport *il ciclismo*
Rollschuhlaufen *il pattinaggio a rotelle*

Rudern *il remare*
Rugby *la palla ovale*
Schlitten *la slitta*
Schlittschuhe *i pattini*
Schlittschuhlaufen *il pattinaggio*
Ski *lo sci*
Skilaufen *lo sciare*
Schwimmen *il nuoto*
Speerwerfen *il lancio del giavellotto*
Stabhochsprung *il salto coll'asta*
Tennis *il tennis*
Tischtennis *il tennis da tavolo, il ping-pong*
Trabrennen *la corsa al trotto*
Turnen *la ginnastica*
Wasserball *la palla-nuoto*
Wasserski *lo sci acquatico*
Weitsprung *il salto in lungo*
Wintersport *gli sport invernali*

Vokabeln

eminente hervorragend
recente neuesten Datums
impianto Anlage
combustibile Treibstoff
avvenire m. Zukunft
fertile fruchtbar
limitarsi sich beschränken
sepolcro Grabstätte
per via unterwegs
stupendo herrlich, prächtig
modesto bescheiden
tracciare abstecken, vorzeichnen
corsa Rennen
animato lebhaft, belebt
vincitore Sieger
fisico Körperbeschaffenheit
fino in fondo bis zum Schluß
sostenere unterstützen
fede Glauben, Treue
campione Meister, Rekordler
corridore Rennfahrer
litigare streiten

appassionarsi sich begeistern
praticare ausüben
diffuso: von *diffondere* (unreg.) verbreitet
gara equestre Pferderennen
proselito Nacheiferer
ginnasta m. Turner
attrezzato ausgerüstet, eingerichtet
usufruire benützen, ausnützen
ghiaccio Eis
pattini a rotelle Rollschuhe
aranciata Orangeade
cioccolatino Praline
caramella Bonbon
pasta Kleingebäck
sparire verschwinden
bocca Mund
inaridito ausgetrocknet
tamarindo Tamarinde
cono Kegel
focaccia in Öl gebackene Brotart

Die Zeitenfolge

Die Zeitenfolge wird im Italienischen wesentlich strenger eingehalten als im Deutschen. Im allgemeinen wäre zu sagen, daß beim *Indikativ* (Wirklichkeitsform) auf ein *Präsens* oder *Futur* im Hauptsatz ein *Präsens, Perfekt* oder *Futur* im Nebensatz folgen kann, beim *Konjunktiv* (Möglichkeitsform) ein *Präsens* oder *Perfekt:*

Sappiamo che il colpevole è lui. Wir wissen, daß er der Schuldige ist.

Sappiamo che il colpevole è stato lui. ... gewesen ist.

Sappiamo che il colpevole sarà lui. ... sein wird.

Le dirò che viene anche lui. Ich will Ihnen sagen, daß auch er kommt.

Le dirò che è venuto anche lui. ... gekommen ist.

Le dirò che verrà anche lui. ... kommen wird.

Temo che non venga. Ich fürchte, daß er nicht kommt.

Temo che non sia venuto. ... gekommen ist.

Desidererà che venga anch'io. Er wird wünschen, daß auch ich komme.

Desidererà che sia venuto anch'io. ... gekommen bin.

Auf eine *Vergangenheit* (Imperfekt oder Passato remoto) und auf *Konditional* folgen *Imperfekt* oder *Plusquamperfekt,* und zwar bei Wirklichkeit Indikativ, bei Möglichkeit Konjunktiv:

Sapevamo (sapemmo) il colpevole era lui.

Sapevamo (sapemmo) che il colpevole era stato lui.

Temevo (temei) che non venisse.

Temevo (temei) che non fosse venuto.

Le direi che eri venuto.

Non avrei parlato se avessi saputo chi era. Ich hätte nicht gesprochen, wenn ich gewußt hätte, wer er war.

Auf ein *Perfekt* folgt bei Gleichzeitigkeit *Präsens* Indikativ bzw. Konjunktiv, bei Vorzeitigkeit *Imperfekt* Indikativ bzw. Konjunktiv:

Gli ho detto che siete pronti. Ich habe ihm gesagt, daß ihr pünktlich seid (Gleichzeitigkeit).

Gli ho detto che eravate pronti. Ich habe ihm gesagt, daß ihr pünktlich wart (Vorzeitigkeit).

Bei *künftigen* Handlungen folgt auf ein *Präsens Futur* oder *Konjunktiv Präsens,* bei Vorvergangenheit *Perfekt, Passato remoto* bzw. *Konjunktiv Perfekt.*

Die Satzzeichen

Der Gebrauch der Satzzeichen läßt sich im Italienischen viel weniger in Regeln zwängen als im Deutschen. Es bleibt also mehr oder weniger dem einzelnen überlassen, wo er durch ein Satzzeichen einen bestimmten Ein- oder Abschnitt angeben will. Grundsätzlich wäre zu sagen, daß vor *che* = „daß" kein Komma stehen darf, meist auch nicht vor *che* = „welcher". Strichpunkt und Ausrufezeichen werden vielleicht etwas seltener gebraucht als im Deutschen. Nach der Anrede im Brief steht ein Komma.

Eine nicht unwichtige Rolle spielt im Italienischen der Doppelpunkt, an dessen Stelle man im Deutschen oft lieber einen Punkt oder einen Strichpunkt setzen würde und nach dem in diesen Fällen klein weitergeschrieben wird. Selbstverständlich muß er jedoch auch im Italienischen vor der direkten Rede gesetzt werden, während die darauf folgenden Anführungszeichen durch waagrechte Striche ersetzt werden können:

Disse: – Ma possiamo anche andarci un'altra volta. –

Er sagte: „Aber wir können auch ein andermal hingehen."

Der Schüler möge sich über die Verwendung der Satzzeichen an Hand italienischer Texte informieren, da es hier, wie gesagt, keine starren Regeln gibt.

Die Silbentrennung

Nicht getrennt werden dürfen:

1) Diphthonge, d. h. zwei in einen einzigen Laut verschmolzene Vokale.

2) die sog. unreinen *s*, d. i. jedes *s* mit folgendem Konsonanten

3) *gl, gn, gh, ch*

4) zwei Konsonanten, von denen der zweite ein *r* ist.

Doppelkonsonanten, z. B. *nn, tt, rr, ss*, können getrennt werden. Ein einfacher Konsonant bleibt meist mit dem folgenden Vokal verbunden, z. B. *a-mi-co, ve-ni-re, an-da-re.* Bei mit Vorsilben zusammengesetzten Wörtern sind gelegentlich zwei Trennungsmöglichkeiten gegeben, z. B. *tras-gre-di-re* oder *tra-sgre-di-re.*
Am Ende der Zeile darf nie ein Auslassungszeichen stehen. *Nell', dell', all', dall'* werden getrennt *nel-l', del-l', al-l', dal-l'.* Beim bestimmten oder unbestimmten Artikel setzt man am Zeilenende die volle Form, also *lo amico*, anstatt *l'amico, una esposizione* anstatt *un'esposizione* u. ä. Auch der Artikel *i* darf nicht am Zeilenende stehen.

14   UNTERBRECHUNG IN RAVENNA UND IN FORLÌ

Ravenna ist eine sehr beachtliche Stadt. Die Mosaike ziehen viele Touristen an und machen daraus eine hervorragende Kunststadt. Doch die jüngsten riesigen Industrieanlagen und die Insel aus Eisen, die zur Belieferung der Schiffe mit Treibstoff vor der Stadt entstanden ist, machen aus ihr auch eine Industriestadt mit großer Zukunft. Darüber hinaus ist das umliegende Land fruchtbar, reich und intensiv bebaut, so daß Ravenna als ein modernes gelobtes Land erscheint.

Wir beschränkten uns darauf, das Grab Dantes, das Mausoleum des Theoderich, das Grab der Galla Placidia und die Kirche San Vitale zu besichtigen. Unterwegs hatten wir angehalten, um die prächtige Basilika Sant'Apollinare in Classe zu besichtigen. Nachdem wir festgestellt hatten, daß es in dieser Provinzstadt Geschäfte gibt, die einer Weltstadt würdig sind – und mit bescheideneren Preisen –, machten wir halt, um einige Einkäufe zu tätigen.

Am Nachmittag des gleichen Tages fuhren wir nach Mailand weiter und dann in Richtung auf die Via Emilia. Als wir in Forlì, einer anderen kleinen und äußerst modernen Stadt der Romagna, ankamen, machten wir im „Sportcafé" halt, das unmittelbar an der großen Straße liegt, die von den alten Römern auf Befehl des Konsuls Emilius Lepidus angelegt wurde. Das Lokal war gedrängt voll, da man von einem Augenblick zum andern darauf wartete, daß die Teilnehmer an ich weiß nicht welchem Radrennen vorbeikämen.

Alle diskutierten lebhaft: „Ich bin sicher, daß er der Sieger sein wird!" – „Ich fürchte, daß er als letzter ankommen wird!" – „Ich sage Ihnen, daß er der Beste ist. Wissen Sie, daß er auch auf den vorhergehenden Etappen der erste war?" – „Eben deshalb fürchte ich, daß er heute nicht mehr die Kraft haben wird, bis zum Schluß durchzuhalten!" – „Ich will Ihnen sagen, daß er bei seiner körperlichen Verfassung und seiner Willenskraft auch heute als erster ankommen wird!"

Ich wußte nicht einmal, von wem man sprach, und betrachtete amüsiert all diese geröteten und erregten Gesichter. Derjenige jedoch, der so voller Glauben seinen Helden unterstützte, war mir besonders sympathisch, und ich, die ich nicht einmal wußte, wer dieser Rekordler war, ertappte mich dabei, wie ich fürchtete, er könne nicht als erster ankommen. Begeisterung ist ansteckend!

Das Glück wollte es, daß kurz darauf der bewußte Fahrer eintraf und als erster an dem Sportcafé vorbeifuhr. „Haben Sie gesehen, daß er als erster angekommen ist?" Fast hätten sie sich gestritten. Die Italiener sind sehr sportbegeistert. Sie sagen, sie seien „sportlich", doch habe ich den Eindruck, daß sie, wenn sie dies sagen, nur meinen, daß sie sich für den Sport begeistern, nicht daß sie ihn ausüben.

In Italien sind das Fußballspiel und der Radsport am verbreitetsten und am populärsten, werden von Millionen Menschen verfolgt und auch von sehr vielen ausgeübt. Gleich danach kommen: das Boxen, der Autosport, der Motorradsport, Korbball, Pferderennen (der Pferdesport, d. h. Trab-, Galopp- und Hindernisrennen), Tennis und Leichtathletik. Es gibt noch andere, aus dem Ausland importierte Sportarten (wie Rugby und Judo), die anfangen, Nacheiferer zu finden, doch diese letzteren sind, im Vergleich mit den Fußballanhängern und -spielern und den Radsportlern, sehr wenige. Turnen und Fechten werden in Italien von großen Meistern vertreten. Gerade in Forlì leben die beiden Schwestern Cicognani, Turnerinnen von Weltruf.

Auch Schwimmwettkämpfe und der Wintersport beginnen in Italien populär zu werden. In den Alpen und im Apennin bieten sich viele Orte für den Winteraufenthalt an, die sehr gut eingerichtet sind, und die Gewohnheit, die Winterferien dazu zu benutzen, auf die Skiplätze zu gehen, verbreitet sich in Italien immer mehr. Der Eislauf ist weniger verbreitet; ziemlich viele Kinder laufen hingegen Rollschuh, sogar auf den öffentlichen Verkehrswegen. Sehr schön zum Zuschauen ist auch Wasserski, und die italienischen Meisterinnen sind keinen anderen in Europa unterlegen.

Sicher macht der Sport auch das Glück der Cafés. Wie viel Orangensaft, Kaffee, Eis, Schokolade, Tee und sonstige Getränke, Pralinen, Bonbons, kleine Kuchen usw. sah ich in jenen Mündern verschwinden, die von der Hitze und den Diskussionen ausgetrocknet waren. Wir haben einen ausgezeichneten Tamarindensaft getrunken, dem eine Eistüte (Eiskegel) folgte, und haben uns mit belegten Brötchen und Focaccia für die Reise eingedeckt.

QUINDICESIMA LEZIONE

15

MILANO SOTTO LA PIOGGIA

30 giugno

„Ci sono dei giorni in cui non si sa se sarà meglio l'oggi o il domani e situazioni in cui tra il peggio e il meglio c'è poca differenza."

Con queste parole sibilline mi sono rivolta stamattina a mio marito che mi ha guardato fisso e ha esclamato ironicamente: „Questo si chiama parlar chiaro!"

„Mi spiego presto", ho detto io, „sta piovendo a catinelle e non so se sarà meglio partire oggi o domani, se sarà meglio o peggio girare per la città piuttosto che viaggiare sulla strada sdrucciolevole sotto la pioggia scrosciante."

„Facevi prima a dire semplicemente che pioveva."

„Sai, caro, mi piace fare la misteriosa!"

„Va a farti friggere!" ha concluso lui molto poco gentilmente. Appena sveglio non era in grado di sopportare contemporaneamente la notizia della pioggia e gli scherzi di sua moglie.

Io invece ho preso la cosa filosoficamente. Abbiamo ancora qualche giorno davanti a noi, perciò al più tardi arriveremo l'ultimo del mese. Piuttosto penso di farmi portare in camera alcuni giornali e riviste italiane per aspettare tranquillamente che spiova. E tanto meglio se sarà presto. Quassù, in questa camera d'albergo all'ottavo piano pare di essere press'a poco a casa nostra. Da dentro si gode a guardare la pioggia che fuori cade e picchia laggiù sul selciato. D'altronde bisogna prendere il mondo come viene, altrimenti dovunque s'incontrano dei guai.

Mio marito, per esempio, ora si è messo ad andare avanti e indietro, ora pensa d'andare via, ora dice che aspetterà tutt'al più mezz'ora. Di quando in quando si getta sul letto sbuffando, e tanto più s'infuria tanto meno il tempo passa in fretta.

„Quest'oggi sei intrattabile come di rado! Fai di tutto fuorchè leggere qualcosa, il che sarebbe l'unico passatempo possibile! Queste riviste sono veramente interessanti e vi sono tante illustrazioni che non importa saper l'italiano per passarsela un po'. Guarda come sono impaginate bene. Anche la stampa dei quotidiani è nitida; non mancano mai le firme di scrittori famosi. Hai letto quest'articolo di fondo? No? E nemmeno quello in terza pagina? Fai troppa fatica? Vuoi che te li traduca io? Nemmeno così ti va bene? E allora sai che cosa facciamo? Usciamo a fare due passi ugualmente, così l'acqua ti rinfrescherà le idee.“

E così siamo usciti per andare dal grande libraio ed editore che ha un negozio bellissimo a due passi dall'albergo. Le vetrine erano piene di volumi d'ogni misura. Le copertine illustrate hanno un grande potere d'attrazione. Ma io per prima cosa guardo titoli e nomi degli autori. Oggigiorno molti editori fanno delle edizioni assai economiche delle opere celebri e così, farsi una discreta biblioteca, non è più un desiderio irrealizzabile. Vi sono rilegature in tela o in pelle, ma chissà che prezzi! Vorrei acquistare una piccola enciclopedia, un autore faceto e divertente nonchè un nuovo vocabolario italiano.

Sono belle anche le pubblicazioni artistiche con le riproduzioni dei quadri a colori molto fedeli alla realtà. Senza sbilanciarmi troppo, voglio comperare a poco a poco la collana completa sui pittori italiani di ogni secolo, anche se è alquanto cara. Presso i maggiori librai si possono anche fare gli abbonamenti a varie riviste italiane e si riceve immediatamente l'omaggio d'un bel volume rilegato.

Vi sono riviste settimanali, quindicinali e mensili. Mi fanno voglia ma l'abbonamento all'estero è all'incirca il doppio per le spese postali. Frattanto, mentre guardiamo ammirati le vetrine, la pioggia sta man mano smettendo di cadere. Così ora mi lascerò condurre dove lui vorrà. Voleva salire sul Duomo, ma la città è avvolta da una luce grigiastra che tinge le cose di un colore triste che non è il loro. Non nascondo che mi ha invaso un gran desiderio di correre per la città.

Vokabeln

sibillino geheimnisvoll,
  rätselhaft
rivolgersi a (unreg.)
  sich wenden an
spiegarsi sich deutlich ausdrücken
sdrucciolevole schlüpfrig, glatt
scrosciare schütten, gießen,
  strömen
andare a farsi friggere sich
  heimgeigen lassen,
  zum Henker scheren
sveglio wach
spiovere (unreg.)
  zu regnen aufhören
picchiare klopfen
selciato Straßenpflaster
guaio Mißgeschick, Unglück
sbuffare schnauben
infuriarsi wütend werden
intrattabile unzugänglich,
  schwer zu behandeln
passatempo Zeitvertreib
impaginare umbrechen
  (Zeitung)

rivista Zeitschrift
stampa Druck
nitido klar, deutlich
firma Unterschrift
articolo di fondo Leitartikel
tradurre (unreg.) übersetzen
libraio Buchhändler
volume m. Band
copertina Umschlag
attrazione f. Anziehung
rilegatura Einband
faceto lustig
sbilanciarsi aus dem Gleichgewicht kommen
collana Buchreihe
omaggio Ehrenspende,
  Geschenk
smettere (unreg.) aufhören
cadere (unreg.) fallen
condurre (unreg.) führen
triste traurig
nascondere verbergen,
  verhehlen
invadere (unreg.) Besitz er-
  greifen

Umstandswörter (Adverbien)

Einige Adverbien können als Hauptwort verwendet werden:
  il peggio das Schlimmste, *il meglio* das Beste;
  il come das Wie; *l'oggi* das Heute
Andere wiederum sind als Eigenschaftswörter zu verwenden:
  parlare chiaro deutlich sprechen; *camminare adagio, presto*
  langsam, schnell gehen; *volare alto* hoch fliegen; *guardare
  fisso* fest anschauen

Umgekehrt kann man auch das Eigenschaftswort gelegentlich als Umstandswort verwenden, wenn es sich sowohl auf das Hauptwort (persönl. Fürwort) als auch auf das Verbum beziehen kann.

Der *Superlativ* (höchste Steigerungsstufe) von Adverbien ist kaum gebräuchlich. Entweder verwendet man den *Superlativ des Adjektivs* oder den *Komparativ* (erste Steigerungsstufe):

Ella ha parlato *meno* di tutte le altre.
Sie hat am wenigsten von allen gesprochen.
Ci ha detto che verrà più presto che potrà. Er sagte uns, daß er schnellstens (so schnell, wie er kann) kommen wird.
Al più tardi arriverà lunedì.
Spätestens wird er Montag kommen.

Adverbien der Art und Weise

circa ⎫	*piuttosto* lieber, eher
all'incirca ⎬ ungefähr	*tanto peggio* um so schlimmer
press'a poco ⎭ etwa	*tanto meglio* um so besser
altrimenti sonst	*pure* doch, auch nur
al più	*dunque* also
tutt'al più höchstens	*talmente* derart

Adverbien des Ortes

quassù hier oben	*laggiù* dort unten
laggiù hier unten	*su e giù* auf und ab
qua e là hier und dort	*indietro* hinten, zurück
giù unten, hinunter	*avanti* vorwärts, voran, herein
giù di lì ungefähr	*dovunque* wo (wohin) auch
di dentro von innen	immer
di fuori von draußen	*d'altronde* andererseits
via weg	*dappertutto* überall
lassù dort oben	*altrove* anderswo

Adverbien der Zeit

or ora soeben	*poco dopo* kurz darauf
finora bisher	*a poco a poco* ⎫ nach und nach
ormai nunmehr, schon	*man mano* ⎭
da ora in poi von nun an	*oggigiorno* heutzutage
mai jemals	*quest'oggi* heute (verstärkt)
non ... mai niemals	*di quando* ⎫ dann und
prima früher	*in quando* ⎬ wann, hin
poco prima kurz zuvor	*ogni tanto* ⎭ und wieder
poco fa vor kurzem, neulich	*di rado* selten
	appena erst, kaum, sobald

Adverbien der Menge

alquanto ziemlich, etwas	*tanto quanto* soviel als
tanto so sehr, soviel	*a meno che* es sei denn
tanto più um so mehr	*per lo meno* wenigstens
tanto meno um so weniger	*fuorchè* außer

Bejahung und Verneinung

Anstatt *sì* = „ja" kann man zur Verstärkung auch *già* oder *sicuro* verwenden. Zur Verstärkung nach einer verneinten Frage dient die Umschreibung mit *che*:

Non vai oggi alla lezione? Si che ci vado. Gehst du heute nicht zum Unterricht? Freilich gehe ich hin.

Anstatt mit *non* wird „nicht" mit *no* übersetzt, wenn in einem Satz kein Verbum steht bzw. folgt und die Verneinung hervorgehoben werden soll:

Gli fareste questo piacere? Noi no.
Würdet ihr ihm diesen Gefallen tun? Wir nicht.
Sei adesso contento o no?
Bist du jetzt zufrieden oder nicht?

Se no hat die Bedeutung von „sonst", „andernfalls":

Vieni presto se no ce ne andiamo.
Komm bald, sonst gehen wir fort.

15   **MAILAND IM REGEN**

„Es gibt Tage, an denen man nicht weiß, ob das Heute oder das Morgen besser ist, und Situationen, in denen zwischen dem Schlimmeren und Besseren wenig Unterschied besteht."

Mit diesen geheimnisvollen Worten wandte ich mich heute morgen an meinen Mann, der mich fest ansah und ironisch ausrief: „Das heißt deutlich reden!"

„Ich will mich gleich deutlicher ausdrücken", sagte ich. „Es regnet in Strömen, und ich weiß nicht, ob es besser wäre, heute oder morgen abzureisen, ob es besser oder schlimmer wäre, durch die Stadt zu bummeln, anstatt unter strömendem Regen auf der schlüpfrigen Straße zu fahren."

„Es wäre schneller gegangen, wenn du einfach gesagt hättest, daß es regnet."

„Weißt du, mein Lieber, ich bin gern geheimnisvoll!"

„Laß dich heimgeigen!" schloß er recht wenig höflich. Kaum aufgewacht, konnte er nicht gleichzeitig die Nachricht vom Regen und die Späße seiner Frau ertragen.

Ich dagegen nahm die Tatsachen philosophisch hin. Wir haben noch ein paar Tage vor uns, so daß wir spätestens am Letzten des Monats ankommen werden. Eher denke ich daran, mir ein paar italienische Zeitungen und Zeitschriften aufs Zimmer bringen zu lassen, um ruhig abzuwarten, bis es zu regnen aufhört. Um so besser, wenn dies bald geschieht. Hier oben in diesem Hotelzimmer im achten Stock scheint man fast wie zu Hause zu sein. Von drinnen freut man sich, dem Regen zuzuschauen, der draußen fällt und unten auf das Straßenpflaster klopft. Andererseits muß man die Welt so nehmen, wie sie ist, sonst begegnet einem überall Mißgeschick.

Mein Mann zum Beispiel fängt einmal an, auf- und abzugehen, dann will er fortgehen, dann sagt er, er warte höchstens noch eine halbe Stunde. Von Zeit zu Zeit wirft er sich schnaubend aufs Bett und wird um so wütender, je langsamer die Zeit vergeht.

„Heute bist du so ungenießbar wie selten! Du tust alles, außer etwas zu lesen, was der einzig mögliche Zeitvertreib wäre! Diese Zeitschriften sind wirklich interessant, und es sind so viele Illustrationen darin, daß es keine Rolle spielt, ob man Italienisch kann, wenn man sich etwas die Zeit vertreiben will. Schau, was für einen guten Umbruch sie haben. Auch der Druck der Tageszeitungen ist klar und sauber; es fehlen nie die Namen (Unterschriften) bekannter Schriftsteller. Hast du diesen Leitartikel gelesen? Nein? Und nicht einmal den im Feuilleton (auf der dritten Seite)? Kostet es dich zu große Mühe? Soll ich sie dir übersetzen? Nicht einmal das ist dir recht? Weißt du, was wir dann machen? Wir gehen trotzdem ein bißchen spazieren, damit dir das Wasser die Laune (Gedanken) etwas auffrischt."

Und so gingen wir aus, um den großen Buchhändler und Verleger aufzusuchen, der wenige Schritte vom Hotel entfernt ein sehr schönes Geschäft hat. Die Schaufenster waren voller Bände jedes Formats. Die illustrierten Umschläge haben eine große Anziehungskraft. Doch ich schaue als erstes auf die Titel und die Namen der Autoren. Heutzutage veranstalten viele Verleger sehr preiswerte Ausgaben von berühmten Werken, und so ist der Wunsch, sich eine ansehnliche Bibliothek anzuschaffen, nicht mehr unrealisierbar. Es gibt Einbände in Leinen oder in Leder, doch wer weiß zu welchem Preis! Ich möchte ein kleines Konversationslexikon, einen lustigen und unterhaltenden Autor sowie ein neues italienisches Wörterbuch kaufen.

Schön sind auch die Kunstbücher mit den sehr wirklichkeitsgetreuen farbigen Bildreproduktionen. Ohne mich zu sehr zu verausgaben, möchte ich mir nach und nach die komplette

Reihe über die italienischen Maler aus jedem Jahrhundert kaufen, auch wenn sie etwas teuer ist. Bei den bedeutendsten Buchhändlern kann man auch verschiedene italienische Zeitschriften abonnieren, und man bekommt sofort ein schön gebundenes Buch geschenkt.

Es gibt wöchentlich, vierzehntäglich und monatlich erscheinende Zeitschriften. Ich habe Lust dazu, aber das Auslandsabonnement kostet wegen der Portospesen etwa das Doppelte. Während wir voller Bewunderung die Schaufenster anschauen, hört der Regen langsam auf. So lasse ich mich nun führen, wohin er will. Er wollte den Dom besteigen, doch die Stadt ist in ein graues Licht getaucht, das den Dingen eine traurige Farbe gibt, die nicht ihre eigene ist. Ich leugne nicht, daß mich eine große Lust gepackt hat, durch die Stadt zu laufen!

Das Haus – la casa

Aufzug *l'ascensore m.*
Balkon *il balcone*
Blitzableiter *il parafulmine*
Dach *il tetto*
Dachrinne *la grondaia*
Dachziegel *la tegola*
Decke (Plafond) *il soffitto*
Erdgeschoß *il pianterreno*
Fassade *la facciata*
Fenster *la finestra*
Fensterbrett *il davanzale*
Fensterrahmen *il telaio*
Fensterscheibe *il vetro*
Fußboden *il pavimento*
Geländer *la ringhiera*
Haustür *il portone*
Haussprechanlage *il citofono*
Heizkörper *il radiatore*
Kachel, Fliese *la mattonella*
Kamin *il camino*
Keller *la cantina*

Kessel (Heiz-) *la caldaia*
Klingel *il campanello*
Mansarde *l'attico*
Mauer *il muro*
Ofen *la stufa*
Ölheizung
  il riscaldamento a nafta
Parkett *il parquet*
Platte *la lastra*
Portiersloge *la portineria*
Rauchfang *la cappa del camino*
Rolladen *la persiana*
Schalter (elektr.)
  l'interruttore m.
Souterrain *il sotterraneo*
Steckkontakt *la presa*
Speicher *la soffitta, il solaio*
Stockwerk *il piano*
Tapete *la carta da parato*
Terrasse *il terrazzo*
Treppe *le scale;*
  (Freitreppe) *lo scalone*
Treppenabsatz *il pianerottolo*
Treppenstufe *il gradino,*
  lo scalino
Tünche, Verputz *l'intonaco*

Tür *la porta, l'uscio*	Wandbekleidung
Türklinke *la maniglia*	*la tappezzeria*
Türrahmen *lo stipite*	Zentralheizung
Wand (innen) *la parete*	*il riscaldamento centrale*
Abstellkammer *lo sgabuzzino*	Salon *il salotto*
Arbeitszimmer *lo studio*	Schlafzimmer
Badezimmer *il bagno*	*la camera da letto*
Diele, Vorraum *l'anti-*	Speisekammer *la dispensa*
camera	Speisezimmer
Gang *il corridoio*	*la sala da pranzo*
Kammer *la cameretta*	WC *il gabinetto*
Küche *la cucina*	Wohnzimmer *il soggiorno*

SEDICESIMA LEZIONE

16 **LA MILANO NUOVA**

Milano, 1º luglio

Siamo stati a passeggio tutto il santo giorno. Il Duomo di
Milano è bellissimo e mio marito mi ha trascinato fino alla
famosa „Madonnina" sudando sette camicie. Per le scale
ansimavo tanto che non avevo nemmeno il fiato di mandarlo a
farsi benedire: non ne potevo più. Ma quando abbiamo potuto
ammirare il panorama della città ho riconosciuto che valeva
la pena di salire in cima.

Mentre ieri pioveva a catinelle, oggi c'era tanto di sole che
a malincuore siamo ridiscesi sulla terra lasciando quel para-
diso. Quanti palazzi, fabbriche, grattacieli a Milano! Sono
quasi tutti edifici a molti piani. Le facciate dei palazzi vecchi
sono di gusto un po' pesante e di colore grigiastro. Molte case
hanno l'attico con belle terrazze; a volte vi sono anche balconi.
Le finestre hanno raramente doppi vetri come da noi e sui
davanzali raramente si vedono vasi di fiori. A occhio e croce
mezza Milano sembra fabbricata di recente. Le finestre sono
di solito belle e ampie. Non artistiche come le antiche bifore e
trifore, che spesso ho ammirato in Italia nelle costruzioni
dell'antichità, ma comunque luminose ed eleganti.

Le moderne abitazioni sono tutte confortevoli, dotate di
impianti di riscaldamento centrale (sopratutto a nafta o a gas),
di ascensore e di portineria. I pavimenti sono generalmente in

marmo (a lastre), mentre il legno è poco usato. Ora sono in voga le mattonelle in ceramica dipinta (celebri quelle di Vietri) e stanno bene sopratutto nei locali pubblici, mentre in un'abitazione forse potrebbero stancare. Gli ambienti e le scale sono spesso un po' ristretti perchè lo spazio è prezioso. Gli scaloni d'un tempo non si vedono più. Le porte sono in legno naturale e gli usci e gli stipiti verniciati. Le pareti sono intonacate e dipinte, oppure coperte da carta da parato o da tappezzeria.

Le strade di Milano sono larghissime e lunghissime e ci si orienta solo a stento! E che traffico! Qui tutti vanno in fretta e furia. Cominciano a lavorare di buon' ora e anche di notte la vita continua. Nei negozi e nei ristoranti si è serviti in un batter d'occhio. Se si conoscono i posti certe cose si comprano a miglior prezzo che altrove.

Molto interessanti sono stati i negozi d'arredamento. Abbiamo contemplato a lungo i mobili moderni ed antichi che facevano bella mostra di sè nelle vetrine. Ogni tanto mio marito mi diceva: „Vieni via o no?"

„Sì che vengo", dicevo senza muovermi. Ah, se avessi potuto portarmi via certi sofà e poltrone per il mio soggiorno! E quel tavolo intarsiato! E quel mobile bar stile settecento! E quella biblioteca stile impero! E quelle seggiole... E quell'armadio guardaroba. E quello scaffale e quello scrittoio! Basta, avrei vuotato le vetrine. Avrei comprato tutto tranne un letto stile rococò per salire sul quale ci voleva la scala. Anche i comodini erano di pessimo gusto.

Nonostante la stanchezza abbiamo seguitato a camminare lungo i corsi del centro. Però, entro un paio d'ore dovevamo essere all'albergo, per cui, secondo me la cosa migliore da farsi era continuare a guardare tutto quello che si poteva fino all'ultimo malgrado la fiacca e poi raggiungere la meta mediante la metropolitana. A furia di camminare eravamo giunti tanto lontano che per mezzo delle nostre gambe non saremmo mai arrivati a destinazione.

In quanto a mio marito non faceva che borbottare. Non sapeva più dove si trovasse. „Siamo di qua o di là dal Duomo?"

„Non ne ho la minima idea", rispondevo io. Mi sentivo lontana dal mondo, nel regno dei sogni.

Die Einrichtung

l'arredamento

Ankleidespiegel *la specchiera*
Anrichte *la credenza*
Aquarell *l'acquerello*
Badeofen *lo scaldabagno*
Badewanne *la vasca da bagno*
Bank (Sitz-) *la panca*
Bett *il letto*
Doppelbett
  il letto matrimoniale
Bettvorleger *lo scendiletto*
Bild *il quadro*
Bücherschrank *la libreria*
Büfett *il buffè*
Couch *il divanoletto*
Decke (Wolle) *la coperta*
Flügel *il pianoforte a coda*
Gläserschrank *la cristalliera*
Klavier *il pianoforte*
Konsole *la mensola*
Kommode *il cassettone*
Lampe *la lampada*
Lüster *il lampadario*
Möbel *i mobili*
Ölgemälde *il quadro ad olio*
Ofen *la stufa*
Papierkorb *il cestino*

Nachttisch *il comodino*
Regal *lo scaffale*
Schemel *lo sgabello*
Schrank *l'armadio*
Schreibtisch *la scrivania,*
  lo scrittoio
Sessel (Polster-) *la poltrona*
Sofa *il sofà*
Spiegel *lo specchio*
Ständerlampe
  la lampada a stelo
Steppdecke *la trapunta*
Stuhl *la sedia, la seggiola*
Teppich *il tappeto*
Tisch *la tavola,*
  il tavolo
Tischchen *il tavolino*
Vase *il vaso*
Vorhang *la tenda*
Wandschrank
  l'armadio a muro
Wanduhr *la pendola,*
  l'orologio a pendolo
Waschbecken *il lavabo*
Zentralheizung *il riscalda-*
  mento a termosifone

Vokabeln

tutto il santo giorno
   den lieben langen Tag
trascinare mitschleppen
sudare sette camicie
   sich sehr abmühen
ansimare keuchen
fiato Atem
mandare a farsi benedire
   zum Teufel schicken
vale la pena es ist der Mühe
   wert
cima Gipfel, Spitze
piove a catinelle es regnet in
   Strömen
a malincuore ungern
ridiscendere wieder heruntersteigen
grattacielo Wolkenkratzer
edificio Bauwerk
grigiastro grau
a volte manchmal
a occhio e croce flüchtig
   gesehen
bifora zweibogiges Fenster
trifora dreibogiges Fenster
dotato versehen, ausgestattet
nafta Erdöl

in voga in Mode, gebräuchlich
stancare ermüden
ambiente Raum
ristretto eng
verniciato lackiert
intonacato getüncht
orientarsi sich orientieren,
   sich zurechtfinden
a stento mühsam
in fretta e furia in aller Eile
di buon' ora frühzeitig
in un batter d'occhio im Nu
contemplare betrachten
fare bella mostra di sè
   schön dastehen
intarsiato eingelegt
tranne ausgenommen
seguitare fortfahren,
   weiterhin tun
corso Korso (breite, gr. Straße)
fiacca Müdigkeit
mediante mittels
metropolitana U-Bahn
a furia di vor lauter
destinazione f. Bestimmungs-
   ort, Ziel
borbottare brummen, murren

Verhältniswörter (Präpositionen)

Neben den im ersten Band erwähnten Präpositionen hier eine
Reihe weiterer, sog. einfacher Präpositionen.

Mit dem *2. Fall* werden verbunden:

per mezzo mittels	*a forza* durch lauter
a favore zugunsten	*a furia* durch vieles

Mit dem *3. Fall* werden verbunden:

in quanto ⎫ was anbetrifft,
rispetto ⎬ betreffs,
in riguardo ⎭ was anbelangt

Mit dem *4. Fall* werden verbunden:

mediante mittels	*tranne* ⎫
malgrado trotz	*salvo* ⎬ ausgenommen
lungo längs	*eccetto* ⎭

126

nonostante dessen   *secondo* je nach, gemäß
   ungeachtet   *entro* innerhalb

Mit dem 5. *Fall* werden verbunden:
  lontano fern   *di là* jenseits
  di qua diesseits

Mit den wichtigsten Präpositionen, wie *di, a, da, con, in, per, fra, su, sopra, sotto* werden eine große Anzahl von adverbiellen Redewendungen teilweise komplizierter Art gebildet.

Adverbielle Redewendungen mit di

di dentro von innen
di fuori von außen
di punto in bianco unvermittelt, plötzlich
giù di lì ungefähr
di buon gusto geschmackvoll
di cattivo gusto geschmacklos
di buon' ora frühzeitig
di notte nachts
di palo in frasca vom Hundertsten ins Tausendste
di suo proprio pugno eigenhändig
privo di mezzi mittellos
andare di mezzo im Spiel sein
conoscere di persona persönlich kennen
essere di passaggio auf der Durchreise sein
morire di fame vor Hunger sterben
morire di noia vor Langeweile sterben
perdere di vista aus den Augen verlieren
rimanere di stucco baff sein vor Staunen

Adverbielle Redewendungen mit da

da prima
dapprima } zuerst
da ora in poi von nun an
da capo von neuem, nochmals
da capo a fondo von Anfang bis zum Ende
da quando in qua seit wann
più da presso des näheren, genauer
essere da meno geringer sein
davvero wirklich
 dar filo da torcere zu schaffen machen, eine harte Nuß zu knacken geben
dipingere dal vero nach der Natur malen
uscire dal seminato vom Thema abweichen
uscire dai gangheri aus der Haut fahren
avere qualche santo dalla sua einen guten Fürsprecher haben

Adverbielle Redewendungen mit con

con comodo ganz gemächlich
con intenzione absichtlich
colle buone im Guten, freundlich
colle brusche im Bösen, auf barsche Weise
coll'acqua mit Wasser
nato con la camicia ein Sonntagskind
con tanto di barba mit einem langen Bart, alt, abgedroschen
non far parola con nessuno mit niemand sprechen

Adverbielle Redewendungen mit a

a poco a poco nach und nach
a rovescio verkehrt
a stretto giro di posta postwendend, umgehend
a fondo gründlich
a forza di durch lauter
a base di auf Grund von
a capo an der Spitze
a buon conto vorsichtshalber
a dirotto ⎫
a catinelle ⎭ in Strömen
a dovere tüchtig, wie sich's gehört
a gara um die Wette
a ragione mit Recht
a torto zu Unrecht
a galla obenauf (schwimmend)
a braccetto Arm in Arm
a mala pena mit Müh' und Not
a portata di mano in Reichweite
a stampatello in Druckbuchstaben
a prima vista vom Blatt
a vista d'occhio zusehends
a credito auf Borg
a rischio e pericolo auf Gefahr
a tergo auf der Rückseite
a lungo lange
a buon prezzo ⎫
a buon mercato ⎭ billig
a miglior prezzo billiger
a bizzeffe in Hülle und Fülle

a dispetto zum Trotz
a mente ⎫
a memoria ⎭ auswendig
a malincuore ungern
a occhio e croce ungenau, flüchtig
a proposito (approposito) übrigens, was ich sagen wollte
a posta (apposta) absichtlich
a punto (appunto) eben, gerade, das ist es
ad un tratto plötzlich
ad ogni costo um jeden Preis
a quattro occhi unter vier Augen
a stento mit Mühe
a voce mündlich
ai ferri auf dem Rost
al minuto im kleinen, en Detail
al più tardi spätestens
al giorno d'oggi heutzutage
all'aperto im Freien
all'improvviso auf einmal, plötzlich, unvermittelt
all'ingrosso im großen, en gros
all'incirca ungefähr
alla fine dei conti schließlich und endlich
alla rinfusa lose
alla griglia auf dem Rost
alle volte manchmal

16

DAS NEUE MAILAND

Den ganzen lieben langen Tag waren wir spazieren. Der Mailänder Dom ist sehr schön, und mein Mann schleppte mich bis zu der berühmten „Madonnina", wobei er sich schwer abmühte. Ich keuchte so sehr, daß ich nicht einmal mehr genug Atem hatte, um ihn zum Teufel zu wünschen: ich konnte einfach nicht mehr. Doch als wir die Stadtansicht bewundern konnten, erkannte ich, daß es der Mühe wert war, bis obenhin zu steigen.

Während es gestern in Strömen goß, gab es heute soviel Sonne, daß wir nur ungern wieder zur Erde hinunterstiegen und dieses Paradies verließen. Wie viele Paläste, Fabriken, Wolkenkratzer hat Mailand! Es sind fast alles mehrstöckige Bauwerke. Die Fassaden der alten Paläste sind von einem etwas schwerfälligen Geschmack und von grauer Farbe. Viele Häuser haben Mansarden mit schönen Terrassen; manchmal sind auch Balkone vorhanden. Die Fenster haben selten doppelte Scheiben wie bei uns, und auf den Fensterbrettern sieht man selten Blumentöpfe. Bei flüchtigem Hinsehen scheint halb Mailand vor kurzem erst gebaut. Die Fenster sind im allgemeinen schön und breit – nicht künstlerisch wie die antiken zwei- und dreibogigen Fenster, die ich in Italien häufig an den antiken Bauwerken bewunderte, aber doch hell und elegant.

Die modernen Wohnungen sind alle komfortabel, mit Zentralheizung (meistens für Öl oder Gas), Aufzug und Portierloge ausgestattet. Die Böden sind im allgemeinen aus Marmor (Platten), während Holz wenig verwendet wird. Augenblicklich sind bemalte Keramikfliesen in Mode (berühmt sind die von Vietri) und machen sich vor allem in öffentlichen Lokalen gut, während sie in einer Wohnung vielleicht ermüden könnten. Die Räume und die Treppen sind häufig ein wenig eng, denn der Platz ist kostbar. Die großen Freitreppen von einst sieht man nicht mehr. Die Türen sind aus Naturholz und Türen und Rahmen lackiert. Die Wände sind getüncht und bemalt, oder auch mit Tapeten oder Wandbekleidung versehen.

Die Straßen von Mailand sind sehr breit und lang, und man findet sich nur mühsam in ihnen zurecht. Und was für ein Verkehr! Hier gehen alle in höchster Eile. Man beginnt früh mit der Arbeit, und auch nachts geht das Leben weiter. In den Geschäften und in den Gaststätten wird man im Nu bedient. Wenn man die Quellen kennt, kauft man gewisse Dinge billiger als anderswo.

Sehr interessant waren die Geschäfte für Möbeleinrichtungen. Wir betrachteten lange die modernen und antiken Möbel, die in den Schaufenstern schön aufgestellt waren. Von Zeit zu Zeit sagte mein Mann: „Gehst du jetzt weiter oder nicht?"

„Ich komme schon", sagte ich, ohne mich zu rühren. Ah, hätte ich gewisse Sofas und Sessel für mein Wohnzimmer mitnehmen können! Und diesen eingelegten Tisch! Und die Bar im Stil des 18. Jahrhunderts! Und den Bücherschrank im Directoirestil! Und diese Stühle . . . und diesen Kleiderschrank. Und das Regal und den Schreibtisch! Kurzum, ich hätte die Schaufenster geplündert. Ich hätte alles gekauft mit Ausnahme eines Bettes im Rokokostil, für das man eine Leiter zum Hinaufsteigen gebraucht hätte. Auch die Nachttischchen waren äußerst geschmacklos.

Trotz unserer Müdigkeit gingen wir weiter die großen, breiten Straßen des Zentrums entlang. In einigen Stunden mußten wir jedoch im Hotel sein; deshalb war es meiner Meinung nach das beste, sich trotz der Müdigkeit weiter alles, was da war, bis zum letzten anzusehen, und dann mit der U-Bahn das Ziel zu erreichen. Bei dem dauernden Gehen hatten wir uns so weit entfernt, daß wir mit unseren Beinen doch nie ans Ziel gekommen wären.

Was meinen Mann betrifft, so tat er nichts als brummen. Er wußte nicht mehr, wo er sich befand. „Sind wir diesseits oder jenseits des Domes?"

„Ich habe nicht die mindeste Ahnung", antwortete ich. Ich fühlte mich fern der Welt, im Reich der Träume.

DICIASSETTESIMA LEZIONE

17

UNA FAMIGLIA SIMPATICA

Milano, 2 luglio

Questa mattina mi è capitato di fare la conoscenza d'una famiglia italiana veramente simpatica. Avevo pensato d'acquistare prima di mettermi in viaggio, un po' di Nescafé, di zucchero e di qualche limoncino di plastica colmo di succo di limone concentrato, che permette, con una spruzzatina, di preparare una buona bibita in un secondo. Perciò mi diressi verso un negozio che, dal di fuori, pareva semplicemente una drogheria. Ed infatti dalla vetrina anteriore si vedevano tanti barattoli, bottiglie e bottigliette allineate in perfetto ordine sugli scaffali. Non mancava proprio nulla. Era una drogheria di lusso, con una ricca scorta di pregiati liquori, con una decina di qualità di caffè, di tè e di cacao, con variopinte scatole di detersivi di tutte le marche ecc. ecc.

Di dentro mi accorsi di punto in bianco che il negozio aveva sul fianco dell'edificio altre due vetrine alle quali corrispondevano due reparti: uno di articoli da toeletta, saponi, brillantine ecc., l'altro di articoli di merceria. Di dietro ai due banchi stavano due giovanotti alti, dall'aspetto assai distinto e dietro al terzo banco, in fondo, c'era una signora anziana, dagli occhi chiari e dai capelli candidi, con un viso fresco, illuminato da un sorriso dolcissimo. Era una di quelle creature che, a prima vista, fanno desiderare di conoscerle di persona. „Non avrei mai creduto di trovare qui tre negozi in uno e con una disposizione tanto di buon gusto", le dissi.

„Vede, signora, un tempo io ero sarta e mio marito era ferroviere. Purtroppo un giorno egli fu vittima d'un incidente mortale ed io mi trovai sola e priva di mezzi, con tre figli

131

maschi ancora alle elementari. Dato che, come sarta, mi intendevo di impunturato, orli, pieghe, pince, cuciture, baveri, risvolti ecc. ed ero molto pratica dell'uso del metro, delle forbici e dei filati più adatti alle varie esigenze (cotone, filo, seta e così via) pensai che facendo la merciaia e fungendo anche da consigliera per le mie future clienti avrei potuto guadagnare di più. Così, perchè i miei figli non morissero di fame, trasformai la parte anteriore della nostra modestissima casa al pianterreno in merceria. La mia vita era mutata da cima a fondo ed i miei tre figli, benchè buoni e bravi, mi davano del filo da torcere. Tuttavia dovevo avere qualche santo dalla mia perchè gli affari andarono dapprima passabilmente, poi a gonfie vele, tanto che, per farla breve, dopo qualche anno ingrandimmo il negozio (dico „ingrandimmo" perchè i miei figli, che già erano alle scuole superiori, collaborarono sempre con me all'andamento del negozio) e vi aggiungemmo un reparto profumeria. Ora che sono vecchia, come vede, i reparti sono tre. Della drogheria (dove lavorano quando non hanno altri impegni i miei due maggiori) abbiamo fatto il reparto più importante e più in vista; il mio terzogenito si occupa della profumeria ed io mi sono messa qui, in fondo, colla mia merceria ... in attesa di andare in pensione. Come vede, nella vita non bisogna mai perdersi d'animo, nemmeno se si è con l'acqua alla gola!"

Mentre la madre raccontava questo, il grande, con tutto comodo aveva fatto un pacchetto perfetto che, alla fine, mi porse con un inchino. Notai che anche il terzogenito aveva tanto di barba, e dissi alla signora: „Vedo che ormai i suoi figli sono uomini fatti! Adesso starà tranquilla per il suo negozio!"

„Certo che sto tranquilla", mi rispose. „Ho dimenticato di dirle che i miei tre figli sono tre „dottori", si sono già laureati, cioè uno è laureato in lettere ed ora non c'è perchè là mattina insegna alla Scuola Media; uno è laureato in legge e nel pomeriggio prepara l'esame da notaio. Il minore è laureato in Economia e Comercio, ma per ora si occupa solo del negozio: poi seguirà la via che vorrà."

Rimasi piacevolmente sorpresa di sapere che la loro storia, così tristemente cominciata aveva avuto lieto fine e ho voluto scriverla qui, nelle ultime pagine del mio diario, perchè è una storia che nella vita può servire d'esempio e d'incoraggiamento!

Schneiderausdrücke – termini di sartoria

Abnäher *la pince*
(*französ. Aussprache*)
Ausschnitt *la scollatura*
Falte *la piega*
Futter *la fodera*

Knopfloch *l'asolo, l'occhiello*
Naht *la cucitura*
Rockschoß *la falda*
Rückenspange *la martingala*
Saum *l'orlo*

anprobieren *mettere in prova*
auftrennen *scucire, disfare*
enger machen *stringere*
heften *imbastire*
Maß nehmen
prendere la misura

kürzer machen *raccorciare*
nähen *cucire*
schneiden *tagliare*
stopfen *rammendare*
länger machen *allungare*
wenden *rivoltare*

Kurzwaren – merceria

Band *il nastro*
Einziehnadel *l'infilanastri m.*
Faden *il filo*
Fingerhut *il ditale*
Garn *il filato*
Garnrolle *il rotolo,*
la spagnoletta
Gummiband *l'elastico*
Häkchen *il gancio*
Häkelnadel *l'uncinetto*
Heftfaden *il filo da imbastire*
Knopf *il bottone*
Metermaß *il metro*
Nadelbüchse *l'agoraio*
Nadelkissen *il torsello*
Nähnadel *l'ago*

Nähseide *la seta cucirina*
Posamenten *la passamaneria*
Reißverschluß *la chiusura*
(cerniera) lampo
Schere *le forbici f. Pl.*
Schließe *la fibbia,*
il fermaglio
Schnittmuster
il modello (patron)
Sicherheitsnadel
lo spillo di sicurezza
Stecknadel *lo spillo*
Stopfgarn
il cotone da rammendo
Stricknadel *il ferro da calza*
Zwirn *il refe*

limoncino kl. Zitrone
colmo gefüllt, voll
spruzzare spritzen
spruzzatina Spritzer
bibita Getränk
secondo Sekunde
dirigersi (unreg.) sich wenden
anteriore Vorder-
barattolo Büchse
allineare in einer Reihe
aufstellen
scorta Vorrat
pregiato geschätzt, wertvoll
variopinto bunt
detersivo Waschmittel
di punto in bianco
unvermittelt, plötzlich
fianco Flanke, Seite
candido schneeweiß
creatura Geschöpf
disposizione Anordnung, Einteilung, Zusammenstellung
vittima Opfer
privo di mezzi mittellos
maschio männl. Geschlechts

intendersi di (unreg.) sich verstehen auf
impuntura Stepperei
fungere (unreg.) fungieren
da cima a fondo von oben bis
unten, von Grund aus
dare del filo da torcere
zu schaffen machen
avere qualche santo dalla sua
einen hl. Fürsprecher haben
andare a gonfie vele gut vor-
wärtsgehen
impegno Verpflichtung
in vista angesehen, hervor-
stechend
terzogenito Drittgeborener
animo Mut, Herz, Gefühl
porgere (unreg.) darreichen
avere tanto di barba
nicht mehr ganz jung sein
laurearsi den Doktor machen
insegnare unterrichten
legge Recht, Gesetz
notaio Notar
incoraggiamento Ermutigung

17   EINE SYMPATHISCHE FAMILIE

Heute morgen geschah es, daß ich die Bekanntschaft einer wirklich sympathischen italienischen Familie machte. Ich beabsichtigte, vor Antritt der Reise etwas Nescafé, Zucker und ein paar mit konzentriertem Zitronensaft gefüllte kleine Plastikzitronen, die es erlauben, in einer Sekunde mit einem Spritzer ein gutes Getränk herzustellen, zu kaufen. Ich wandte mich daher an ein Geschäft, das von außen lediglich eine Drogerie zu sein schien. Und in der Tat sah man durch das vordere Schaufenster viele Büchsen, Flaschen und Fläschchen in tadelloser Ordnung auf den Regalen aufgereiht. Es fehlte wirklich nichts. Es war eine Luxusdrogerie mit einer reichhaltigen Auswahl an guten Likören, mit etwa zehn Kaffee-, Tee- und Kakaosorten, mit bunten Waschmittelschachteln aller Marken usw., usw.

Drinnen bemerkte ich plötzlich, daß das Geschäft an der

Seite des Gebäudes weitere zwei Auslagen hatte, denen zwei Abteilungen entsprachen: eine mit Toilettenartikeln, Seifen, Brillantine usw., die andere mit Kurzwaren. Hinter den Ladentischen standen zwei große junge Leute von vornehmem Aussehen, und hinter dem dritten Ladentisch, im Hintergrund, stand eine ältere Dame mit hellen Augen, schneeweißem Haar und einem frischen Gesicht, das durch ein sehr sanftes Lächeln erhellt wurde. Es war eines jener Wesen, die auf den ersten Blick den Wunsch erregen, sie persönlich kennenzulernen. „Ich hätte nie geglaubt, hier drei Geschäfte in einem vorzufinden und mit einer so geschmackvollen Einteilung", sagte ich zu ihr.

„Sehen Sie, gnädige Frau, früher war ich Schneiderin und mein Mann Eisenbahner. Unglücklicherweise wurde er eines Tages das Opfer eines tödlichen Unfalls, und ich stand allein und mittellos da mit drei Jungen, die noch in die Volksschule gingen. Da ich mich als Schneiderin auf Stepperei, Säume, Falten, Abnäher, Nähte, Kragen, Revers usw. verstand und mich in der Handhabung des Maßbandes, der Schere und der für die verschiedenen Bedürfnisse notwendigen Garne (Baumwolle, Zwirn, Seide usw.) auskannte, dachte ich, daß ich als Kurzwarenhändlerin und auch als Beraterin meiner künftigen Kundinnen mehr verdienen könnte. So verwandelte ich, damit meine Söhne nicht Hungers sterben mußten, den vorderen Teil unserer sehr bescheidenen Wohnung im Erdgeschoß in einen Kurzwarenladen. Mein Leben hatte sich von Grund aus verändert, und meine drei Söhne machten mir, wenn sie auch brav und tüchtig waren, viel zu schaffen. Immerhin mußte ich einen heiligen Fürsprecher haben, denn die Geschäfte gingen zuerst leidlich, dann flott vorwärts, so daß wir – um es kurz zu machen – nach ein paar Jahren das Geschäft vergrößerten (ich sage „wir", weil meine Söhne, die bereits auf der Oberschule waren, immer im Geschäft [beim Fortgang des Geschäftes] mitarbeiteten) und die Parfümerieabteilung angliederten. – Nun da ich alt bin, sind es, wie Sie sehen, drei Abteilungen. Aus der Drogerie (wo meine beiden Ältesten arbeiten, wenn sie keine anderen Verpflichtungen haben) machten wir die bedeutendste und angesehenste Abteilung; mein drittältester Sohn befaßt sich mit der Parfümerie, und ich habe mich hier, im Hintergrund, mit meinen Kurzwaren niedergelassen ... in Erwartung meiner Pensionierung. Wie Sie sehen, darf man im Leben nie den Mut verlieren, selbst wenn einem das Wasser bis zum Hals steht."

Während die Mutter mir dieses erzählte, hatte mir der Große in aller Gemütsruhe ein tadelloses Päckchen gemacht, das er mir zum Schluß mit einer Verbeugung überreichte. Ich bemerkte, daß auch der Drittgeborene nicht mehr ganz jung war, und so sagte ich zu der Dame: „Ich sehe, daß Ihre Söhne jetzt gesetzte Männer sind. Sie werden nun wegen Ihres Geschäftes beruhigt sein."

„Gewiß bin ich beruhigt", antwortete sie. „Ich vergaß, Ihnen zu sagen, daß meine drei Söhne drei Doktoren sind, sie haben bereits ihren Doktor gemacht, d. h. einer machte ihn in Literatur und ist jetzt nicht da, weil er vormittags in der Mittelschule unterrichtet; der zweite hat den Doktor der Rechte und bereitet sich nachmittags auf die Prüfung zum Notar vor. Der Jüngste ist Doktor der Wirtschaftswissenschaft und des Handels, er befaßt sich jedoch derzeit nur mit dem Geschäft, dann wird er den Weg einschlagen, den er will."

Ich war angenehm überrascht, zu erfahren, daß ihre Geschichte, die so traurig begonnen hatte, ein frohes Ende genommen hatte, und ich wollte sie hier auf den letzten Seiten meines Tagebuches niederschreiben, weil es eine Geschichte ist, die im Leben als Beispiel und als Ermutigung dienen kann.

Adverbielle Redewendungen mit in

in fondo im Grund genommen
in questione
fraglich, in Frage stehend
in testa a an der Spitze von
in occasione di gelegentlich
in memoria di zum Gedächtnis (Andenken) von
in fretta in Eile
in fretta e furia
Hals über Kopf, in aller Eile
in carne e ossa leibhaftig
in bilico im Gleichgewicht
in pensiero besorgt
in un batter d'occhio im Nu
in un baleno im Nu
in giornata
im Laufe des Tages
in seguito a zufolge von
in regalo zum Geschenk
in origine ursprünglich
in licenza in Urlaub
in fede für die Richtigkeit, auf Treu und Glauben
in vista di im Hinblick auf
in buona parte zum guten Teil

essere in vena
in Stimmung sein
essere in vista angesehen sein
mettere in salvo
in Sicherheit bringen
mettere in castigo bestrafen
mettere in contravvenzione
wegen einer Übertretung bestrafen
mettere in rilievo hervorheben
mettersi in cammino
sich auf den Weg machen
mettersi nei panni di
sich an jem. Stelle versetzen
andare in giro umhergehen
mandare in pezzi in Stücke schlagen
mandare in rovina
zugrunde richten
montare in oro in Gold fassen
portare in dito
am Finger tragen
portare in palma di mano
auf den Händen tragen

in comune gemeinsam	*stampare in grassetto*
in ogni dove überall	fett drucken
in punta di piedi	*reggersi in piedi*
auf den Zehenspitzen	sich auf den Beinen halten
in aperta campagna	*tremare in tutto il corpo*
auf freiem Feld	am ganzen Körper zittern
in attesa in Erwartung	*prendere in parola*
essere in tre zu dritt sein	beim Wort nehmen
essere in coincidenza	*mettere in pratica*
Anschluß haben an (Zug)	in die Praxis umsetzen

Adverbielle Redewendungen mit per

per caso zufällig	*per il meglio* zum besten
per ischerzo zum Scherz	*per ragioni di* aus Gründen
per disgrazia	*per aria* in der Luft
unglücklicherweise	*tanto per* nur um zu
per l'avvenire künftig	*chiamare per nome*
per lettera brieflich	beim Namen rufen
per tempo zeitig	*avere per la testa*
per ora augenblicklich	im Kopf haben
per eccellenza	*andare per le lunghe*
im wahren Sinne des Wortes	in die Länge ziehen
per un pelo um ein Haar	*andare per le corte*
per fortuna zum Glück	sich kurz fassen
per mancanza di mangels	*per filo e per segno* haargenau
per così dire sozusagen,	*per sentita dire* vom Hören-
gleichsam	sagen

Adverbielle Redewendungen mit tra (fra), fuori

tra me e me	*fra breve* binnen kurzem
für mich, in meinem Innern	*essere tra la vita e la morte*
parlare fra sè	zwischen Leben und Tod
vor sich hinsagen	schweben
a dirla tra di noi unter uns	*fuori mano (strada)*
gesagt	abgelegen, entlegen

Adverbielle Redewendungen mit su

su due piedi auf der	*sui 30 anni*
Stelle	an die (ungefähr) 30 Jahre
sul serio im Ernst	*sul giornale* in der Zeitung
sul suo conto über ihn	*andare su tutte le furie*
sulla scorta an Hand von	in Wut geraten
sull'orlo am Rande	*sul mio onore* bei meiner Ehre

sopra tutto vor allem
sopra ogni cosa über alles
sopra pensiero in Gedanken verloren

sotto dettatura nach Diktat
sotto le feste unmittelbar vor den Feiertagen
senza dubbio ohne Zweifel, zweifellos

DICIOTTESIMA LEZIONE

18

SULLA VIA DEL RITORNO

Ore 13   3 luglio

Oggi siamo sul lago di Como e il confine svizzero è poco lontano. Di là torneremo finalmente in patria. È all'incirca un mese che ne siamo partiti e, al più tardi, domani sera rimetterò piede nel mio appartamentino nuovo nuovo. Dovremo filare per alcuni tratti a più di 100 chilometri all'ora, se vorremo permetterci ancora qualche sosta nei punti più belli. Siamo proprio agli sgoccioli delle nostre indimenticabili vacanze e sono lieta di aver fissato nel mio diario le cose che più desideravo tenere a mente.

Ora siamo in un ristorante moderno. Ci siamo messi a tavola all'aperto e in attesa della carne alla griglia e delle trote ai ferri scrivo queste righe, di fronte allo spettacolo meraviglioso della natura. Mio marito dice che sarei da prendere a schiaffi per questa mia mania d'imbrattare la carta ad ogni piè sospinto. Ma sono sicura che in fondo non dispiacerà nemmeno a lui di leggere in seguito queste mie pagine.

Siamo in vista del lago e della cerchia dei monti che lo circondano. Il locale è di gusto rustico ma nuovo di zecca e molto chic e deve essere spaventosamente caro. Speriamo che non ci mandino in rovina col conto! Quando arriveremo a casa saremo

quasi al verde. Per fortuna che avremo da lavorare sodo tutti e
due e tutto andrà per il meglio. Vorrei scrivere tutto per filo
e per segno. Ma come si fa? Proprio in questo momento sono
arrivate due bistecche che fanno venire l'acquolino in bocca
e non mi permettono di avere per la testa idee letterarie e
romantiche. Decido tra me e me di riprendere il diario più
tardi, magari quando lui farà il chilo. Se mi vedesse ancora
a scrivere andrebbe su tutte le furie.

Ore 14.30

Mio marito sonnecchia; buono per me. Eccomi di nuovo qui,
caro diarietto, in tua compagnia. Ancora un pensiero al pranzo
delizioso. Sul mio onore non ho mai mangiato tanto! Ma ho
visto una cifra sul conto che ci condurra – tocca ferro – sull'orlo
del fallimento. Però era tutto ottimo sotto ogni riguardo. Basta!
Torniamo ai pensieri più poetici.

Un pensiero grato per prima cosa a mio marito. Non ho proprio di che lagnarmi sul suo conto. Un uomo sui trent'anni che
non ha altro in mente che la sua casa, il suo lavoro e la sua
mogliettina merita un monumento. Al giorno d'oggi bisogna
tener duro per riuscire a mettere su casa e a tirare avanti con
la famiglia. E lui, devo riconoscerlo, ha sempre lavorato come
un negro. Non mi ha mai promesso mari e monti, ma mi ha
offerto un viaggio di nozze da principi. A momenti lo sveglio
per dirgli che sono entusiasta di lui. Cielo! Ho le gambe che
mi fanno Giacomo Giacomo; ma il mio cuore invoca solo lui,
il mio Rodolfo! Deve proprio aver alzato il gomito, oggi. Beato
lui che se la dorme.

Mamma mia! Faceva conto di dormire! È qui alle mie spalle
che legge quel che ho scritto! Povera me! Come farò a farmi
prendere sul serio d'ora in poi!

Può un marito dire la sua almeno in un diario? Sì, sono proprio io che scrivo: il marito – di mia moglie! Non temere cara!
Non finiremo mai sul lastrico io e te! So bene che non hai
nemmeno tu le mani bucate e che non sei capace di starsene
colle mani in mano. Se abbiamo potuto offrirci un viaggio da
principi è solo perchè anche tu hai la testa sulle spalle e sai
guadagnare e risparmiare quando è il momento. So bene di
avere una moglie piena di giudizio! Una moglie che non ha la
lingua lunga, anche se non ha peli sulla lingua, una moglie che
non ha mai la luna, anche se nella vita si hanno degli alti e

bassi. E per finire, una moglie che anche se dà nell'occhio per la sua bellezza, ha un contegno che non fa mai una grinza!

Che devo dire di più? Siamo tipi in gamba, cara mia, e assieme faremo della strada! Ed ora salutiamo queste cime e questo lago colle parole di Lucia Mondella nei „Promessi Sposi" (che conosco anch'io): „Addio, monti sorgenti dall'acqua ed elevati al cielo ... "

Vokabeln

confine Grenze
all'incirca etwa
tratto Strecke
essere agli sgoccioli
    am Ende sein
tenere a mente im Gedächtnis
    behalten
alla griglia ⎫
ai ferri ⎬ vom Rost
prendere a schiaffi ohrfeigen
imbrattare schmieren,
    beschmutzen
imbrattare carta dummes
    Zeug schreiben
ad ogni piè sospinto
    auf Schritt und Tritt
in fondo im Grunde
in seguito in der Folge
rustico ländlich
nuovo di zecca funkelnagelneu
spaventoso schrecklich,
    fürchterlich
mandare in rovina zu Grunde
    richten, a. d. Hund bringen
essere al verde blank sein
lavorare sodo tüchtig arbeiten
per filo e per segno haargenau
*fare venire l'acquolino in
    bocca* d. Wasser im Mund
    zusammenlaufen lassen
tra me e me für mich
fare il chilo ein Schläfchen
    machen
andare su tutte le furie
    wütend werden

sonnecchiare schlummern,
    dösen
tocca ferro unberufen,
    toi, toi, toi
fallimento Konkurs, Bankrott
lagnarsi sich beklagen
tener duro durchhalten
tirare avanti vorwärts-
    kommen
lavorare come un negro
    schuften
promettere mari e monti
    das Blaue vom Himmel
    versprechen
principe m. Fürst
*le gambe fanno Giacomo Gia-
    como* weiche Knie haben
invocare anrufen, anflehen
alzare il gomito einen heben,
    über den Durst trinken
fare conto di so tun, als ob
finire sul lastrico auf der
    Straße landen
avere le mani bucate das Geld
    nicht halten können
starsene con le mani in mano
    die Hände in den Schoß
    legen
avere la lingua lunga
    eine spitze Zunge haben
non avere peli sulla lingua
    kein Blatt vor den Mund
    nehmen
avere la luna schlechte Laune
    haben

140

dare nell'occhio in die Augen fallen	*assieme = insieme* zusammen
fare una grinza völlig in Ordnung sein	*cima* Gipfel
	sorgere (unreg.) auftauchen, aufsteigen
essere in gamba a. Draht sein	*elevare* erheben

Redewendungen

Außer den bereits in den vorhergehenden Lektionen erwähnten adverbiellen Ausdrücken gibt es eine Menge typischer Redewendungen, die der Lernende kennen muß, da sie sich nicht wörtlich übersetzen lassen. Aus der großen Anzahl seien hier einige herausgegriffen:

caso mai gegebenenfalls
chiaro e tondo rund heraus, klipp und klar
da cima a fondo von oben bis unten
in erba angehender, zukünftiger
tocca ferro ⎱
fare le corna ⎰ unberufen, toi, toi, toi
per forza notgedrungen, selbstverständlich
nuovo di zecca funkelnagelneu
meno male um so besser
mai e poi mai nie und nimmermehr
per colmo di sventura zu allem Unglück
lascia perdere laß es sein
come sarebbe a dire? was soll das heißen?
il signor Tal dei Tali Herr Soundso
lì per lì plötzlich, unvermittelt
in quattro e quattr'otto im Nu
furbo di tre cotte ganz durchtrieben
gatta ci cova da steckt etwas dahinter
beato lei Sie Glücklicher, Sie haben es gut
acqua in bocca Mund halten
adagio Biagio immer nur langsam
qui casca l'asino hier liegt der Hase im Pfeffer
magro come un chiodo spindeldürr
da che mondo è mondo seit die Welt besteht
raro come una mosca bianca selten wie ein weißer Rabe
avuta la grazia gabbato lo santo der Mohr hat seine Schuldigkeit getan
la notte porta consiglio guter Rat kommt über Nacht
molto fumo e poco arrosto viel Geschrei und wenig Wolle
dar tempo al tempo sich Zeit lassen
non è farina del tuo sacco ⎱ das ist nicht auf deinem
non è erba del tuo orto ⎰ Acker (Mist) gewachsen

gli manca un venerdì er ist im Kopf nicht ganz richtig

avere sale in zucca Grips haben

tutto il santo giorno den lieben langen Tag

non faccio per dire ich sage das nicht bloß so

avere un bel dire leicht reden haben

nella coda sta il veleno das dicke Ende kommt nach

essere tre volte buono gutmütig dumm sein

levarsi gli anni sich jünger ausgeben, als man ist

salvare le apparenze den Schein wahren

darsi delle arie sich etwas einbilden, großtun

tirare avanti sich durchschlagen

non capire un'acca keinen Deut verstehen

buttar giù herunterschmieren (schreiben)

aver voce in capitolo ein Wort mitzureden haben

mettere su casa einen Hausstand gründen

far caso di Bedeutung beimessen

fare due chiacchiere ein bißchen plaudern

togliere il disturbo nicht länger stören wollen

tener duro durchhalten, sich zur Wehr setzen

fare bella (brutta) figura
einen guten (schlechten) Eindruck machen

far la figura di dastehen als

capire a volo sofort verstehen

farsi vivo etwas von sich hören lassen

fare alla romana jeder für sich selbst bezahlen

capire Roma per toma sich verhören

essere invadente aufdringlich sein

vivere alla giornata in den Tag hinein leben

mettere giudizio vernünftig werden

le gambe fanno Giacomo Giacomo weiche Knie haben

fare i capricci trotzig, unartig sein

far capolino hervorlugen

farsi un baffo sich nichts daraus machen

andare a nanna schlafen gehen

andare a traverso in die falsche Kehle bekommen

andare a zonzo bummeln gehen

non valere un fico secco keinen Pfifferling wert sein

conciare uno per le feste jemanden übel zurichten

dire il fatto suo a qualcuno jemandem seine Meinung sagen

cogliere sul fatto auf frischer Tat ertappen

essere un amore di eine Seele von Mensch sein

tirare l'acqua al suo mulino an den eigenen Nutzen zuerst denken

non avere nè arte nè parte nichts gelernt haben

prendere atto di zur Kenntnis nehmen

dormire come un ghiro wie ein Murmeltier schlafen

starsene con le mani in mano die Hände in den Schoß legen

prendere in giro verulken
piantare in asso jemanden versetzen
attaccare bottoni ein Loch in den Bauch reden
fare un buco nell'acqua einen Metzgergang tun
    (etwas vergeblich tun)
sudare sette camicie sich schwer abmühen
spaccare un capello in quattro ein Haarspalter sein
rimandare alle calende greche
auf den Nimmermehrstag verschieben
fumare come un turco wie ein Schlot rauchen
fare il passo più lungo della gamba
über seine Verhältnisse leben
alzare il gomito über den Durst trinken
prendere un granchio einen Schnitzer machen
fare l'indiano sich dumm stellen
inghiottire un rospo vivo eine bittere Pille schlucken
mangiare la foglia etwas merken
lavorare come un negro } schuften
lavorare 13 mesi all' anno } wie ein Wilder arbeiten
promettere mari e monti das Blaue vom Himmel versprechen
costare un occhio della testa ein Heidengeld kosten
ficcare il naso in una cosa seine Nase in etwas stecken
mandare a quel paese zum Teufel schicken
mandare qualcuno a farsi benedire jem. zum Teufel schicken
rendere pan per focaccia Gleiches mit Gleichem vergelten
cercare il pelo nell'uovo in allem ein Haar finden
non sapere che pesce pigliare nicht wissen, was man tun soll
mettere le carte in tavola Farbe bekennen (die Karten offen
    auf den Tisch legen)
salvare capra e calvoli eine Angelegenheit zur beiderseitigen
    Zufriedenheit regeln
combinare delle belle schöne Sachen anstellen
mettere nel dimenticatoio } in den Rauchfang schreiben
mettere a dormire } eine Sache begraben
fare il conto senza l'oste die Rechnung ohne den Wirt machen
fare d'una mosca un elefante
aus einer Mücke einen Elefanten machen
dare una lavata di capo jemandem den Kopf waschen
far vedere lucciole per lanterne ein x für ein u vormachen
far vedere la luna nel pozzo Vorspiegelung falscher Tatsachen
far venire l'acquolino in bocca
das Wasser im Munde zusammenlaufen lassen
mettere il bastone fra le ruote einen Knüppel in den Weg legen
mettersi nei ghingheri sich fein herausputzen
avere la testa sulle spalle einen klaren Verstand haben
perdersi d'animo den Mut sinken lassen

prendersi una bella gatta da pelare
sich eine schöne Arbeit aufhalsen
lavarsene le mani seine Hände in Unschuld waschen
divertirsi un mondo sich königlich amüsieren
lambiccarsi il cervello sich den Kopf zerbrechen
mettersi nei panni di qualcuno sich in jemandes Lage versetzen
farsi pelare sich schröpfen lassen
levarsi qualcuno dai piedi sich jemanden vom Halse schaffen
stare sulle spine auf Kohlen sitzen
saltare di palo in frasca vom Hundertsten ins Tausendste
    kommen
cadere dalla padella nella brace
vom Regen in die Traufe kommen
piantare chiodi Schulden machen
piantare carote aufschneiden
essere al verde blank sein (kein Geld haben)
essere a corto di knapp sein an etwas
essere pari e patta quitt sein
essere di manica larga großzügig (nachgiebig) sein
essere in gamba auf der Höhe (auf Draht) sein
essere sul lastrico auf der Straße liegen
star fresco ⎱
essere fritto ⎰ aufgeschmissen sein
non sapere dove dar di capo nicht ein noch aus wissen
avere il cuore sulle labbra das Herz auf der Zunge tragen
avere le mani bucate das Geld nicht halten können
avere alti e bassi Stimmungen unterworfen sein
avere la luna schlechte Laune haben
avere la lingua lunga eine spitze Zunge haben
averlo sulla punta della lingua
es (ein Wort) auf der Zunge haben
non avere peli sulla lingua kein Blatt vor den Mund nehmen
dare nell'occhio in die Augen fallen
non fare una grinza völlig in Ordnung sein
passare la notte bianca eine schlaflose Nacht verbringen
far fagotto sein Bündel schnüren
tornare alla carica auf etwas zurückkommen
ripetere la stessa antifona immer das alte Lied singen
andare a monte ins Wasser fallen
parlare del più e del meno von diesem und jenem sprechen
prendere alla leggiera auf die leichte Schulter nehmen
pigliare due piccioni ad una fava
zwei Fliegen mit einer Klappe schlagen

13 Uhr

Heute sind wir am Comer See, und die Schweizer Grenze ist
wenig entfernt. Von dort werden wir endlich in die Heimat
zurückkehren. Vor ungefähr einem Monat sind wir abgereist,
und spätestens morgen abend werde ich den Fuß wieder in
meine nagelneue kleine Wohnung setzen. Einige Strecken werden wir mit mehr als 100 Kilometern in der Stunde zurücklegen müssen, wenn wir uns noch ein paar Aufenthalte an den
schönsten Stellen erlauben wollen. Unsere unvergeßlichen
Ferien gehen tatsächlich dem Ende zu, und ich freue mich, daß
ich in meinem Tagebuch die Dinge aufgezeichnet habe, die ich
besonders gern im Gedächtnis behalten möchte.

Nun sind wir in einer modernen Gaststätte. Wir haben uns
an einen Tisch im Freien gesetzt, und beim Warten auf das
Fleisch und die Forellen vom Rost schreibe ich diese Zeilen,
vor mir den wunderbaren Anblick der Natur. Mein Mann sagt,
daß ich Ohrfeigen verdient hätte für meine Verrücktheit, auf
Schritt und Tritt dummes Zeug zu schreiben. Doch ich bin
sicher, daß es ihm im Grunde durchaus nicht mißfallen wird,
später einmal diese Zeilen zu lesen.

Uns gegenüber haben wir den See und den Kranz der Berge,
die ihn umgeben. Das Lokal ist von ländlichem Zuschnitt, doch
funkelnagelneu und sehr schick, und es muß schrecklich teuer
sein. Hoffentlich werden wir von der Rechnung nicht ruiniert!
Wenn wir zu Hause ankommen, werden wir fast blank sein.
Glücklicherweise haben wir dann beide tüchtig zu arbeiten,
und so wird alles zum Besten gehen. Ich möchte alles haargenau aufschreiben. Doch was ist da zu machen? Gerade in
diesem Augenblick werden zwei Beefsteaks aufgetragen, die
einem das Wasser im Mund zusammenlaufen lassen und mir
nicht erlauben, literarische und romantische Gedanken im
Kopf zu haben. Ich beschließe bei mir selbst, den Tagebuch-
eintrag später wiederaufzunehmen, womöglich wenn *er* ein
Schläfchen macht. Wenn er mich immer noch schreiben sähe,
würde er wütend werden.

14.30 Uhr

Mein Mann schlummert; gut für mich. So bin ich von neuem
hier, mein liebes kleines Tagebuch, in deiner Gesellschaft.
Noch eine Bemerkung zu dem leckeren Essen. Bei meiner Ehre,
noch nie habe ich soviel gegessen! Aber ich habe auch auf der
Rechnung eine Zahl gesehen, die uns – unberufen, toi, toi, toi –
an den Rand des Bankrotts bringt. Und doch war alles in jeder

Hinsicht ausgezeichnet. Genug davon! Kehren wir zu poetischeren Gedanken zurück.

Als erste Überlegung ein Dank für meinen Mann. Ich kann mich wirklich nicht über ihn beklagen. Ein Mann um die Dreißig, der nur seine Wohnung, seine Arbeit und sein Frauchen im Kopf hat, verdient ein Denkmal. Heutzutage muß man die Ohren steif halten, wenn es einem gelingen soll, einen Hausstand zu gründen und sich mit seiner Familie durchzuschlagen. Und er hat, ich muß es zugeben, immer geschuftet. Er hat mir nie das Blaue vom Himmel versprochen, hat mir aber eine fürstliche Hochzeitsreise geboten. Gleich wecke ich ihn, um ihm zu sagen, daß ich von ihm begeistert bin. O Himmel! Ich habe weiche Knie, doch mein Herz ruft nur ihn, meinen Rudolf (italien. Wortspiel mit den beiden männlichen Namen). Ich muß heute wirklich eins über den Durst getrunken haben. Der Glückliche schläft.

Du meine Güte! Er hat nur so getan, als ob er schliefe. Er steht hier hinter mir und liest, was ich geschrieben habe. Ich Arme! Was soll ich tun, damit er mich von jetzt an ernst nimmt?

Darf ein Ehemann wenigstens in einem Tagebuch seine Meinung sagen? Jawohl, ich bin es wirklich: der Mann – meiner Frau! Hab keine Angst, meine Liebe! Wir werden nie auf der Straße liegen, du und ich. Ich weiß sehr gut, daß du keineswegs zu denjenigen gehörst, denen das Geld zwischen den Händen zerrinnt, und daß du es nicht fertigbringst, die Hände in den Schoß zu legen. Wenn wir uns eine fürstliche Reise leisten konnten, dann nur deshalb, weil auch du einen hellen Kopf hast und zu verdienen und zu sparen verstehst, wenn es an der Zeit ist. Ich weiß wohl, daß ich eine vernünftige Frau habe! Eine Frau, die keine spitze Zunge hat, obgleich sie kein Blatt vor den Mund nimmt, eine Frau, die nie launisch ist, auch wenn es im Leben mal auf und ab geht. Und schließlich eine Frau, die, wenn sie auch wegen ihrer Schönheit auffällt, doch ein tadelloses Benehmen hat.

Was soll ich noch sagen? Wir sind Menschen auf Draht, meine Liebe, und zusammen werden wir unseren Weg machen. Und nun grüßen wir diese Gipfel und diesen See mit den Worten der Lucia Mondella in den „Verlobten" (die auch ich kenne): „Lebt wohl, ihr Berge, die ihr aus dem Wasser in die Höhe steigt und bis zum Himmel ragt . . . "

Sprichwörter und Zitate

Alle Wege führen nach Rom. *Tutte le strade vanno a Roma.*

Rom wurde nicht an einem Tag erbaut. *Roma non fu fatta in un giorno.*

Auge um Auge, Zahn um Zahn. *Occhio per occhio, dente per dente.*

Viel Köpf', viel Sinn. *Tante teste, tanti cervelli.*

Wer Wind sät, wird Sturm ernten. *Chi semina vento, raccoglie tempesta.*

Wenn zwei sich streiten, freut sich der dritte. *Fra due litiganti il terzo gode.*

Einem geschenkten Gaul sieht man nicht ins Maul. *A caval donato non si guarda in bocca.*

Sage mir, mit wem du umgehst, so sage ich dir, wer du bist. *Dimmi chi pratichi e ti dirò chi sei.*

Auf Regen folgt Sonnenschein. *Dopo la pioggia viene il sole.*

Ein Unglück kommt selten allein. *Un malanno non viene mai solo.*

Es ist nicht alles Gold, was glänzt. *Non è tutto oro quel che riluce.*

Eine Schwalbe macht noch keinen Sommer. *Una rondine non fa primavera.*

Wer zuletzt lacht, lacht am besten. *Ride meglio chi ride l'ultimo.*

Eine Hand wäscht die andere. *Una mano lava l'altra e tutte e due lavano il viso.*

Wenn die Katze aus dem Hause ist, tanzen die Mäuse. *Quando la gatta è fuori, i topi ballano.*

Wie der Herr, so's Gescherr. *Tal il padrone, tale il servitore.*

Der Mensch denkt, Gott lenkt. *L'uomo propone, Dio dispone.*

Alte Liebe rostet nicht. *Amore antico mai non invecchia.*

Wie du mir, so ich dir. *Come farai, così avrai.*

Aus den Augen, aus dem Sinn. *Lontano dagli occhi, lontano dal cuore.*

Eigenlob stinkt. *Chi si loda, s'imbroda.*

Nach mir die Sintflut. *Morto io, morto il mondo.*

Besser ein Sperling in der Hand als eine Taube auf dem Dach. *Meglio un uovo oggi che una gallina domani.*

Wer im Glashause sitzt, soll nicht mit Steinen werfen. *Chi la fa, l'aspetti.*

Was du heute kannst besorgen, das verschiebe nicht auf morgen. *Chi ha tempo, non aspetti tempo.*

Geteiltes Leid ist halbes Leid. *Mal comune mezzo gaudio.*

Die Katze läßt das Mausen nicht. *Il lupo perde il pelo ma non il vizio.*

Wie der Vater, so der Sohn. *I figlioli dei gatti pigliano i topi.*

Des einen Tod ist des andern Leben. *La morte dei lupi è la salute delle pecore.*

Gebranntes Kind fürchtet das Feuer. *Il cane scottato dall'acqua calda ha paura della fredda.*

Der Krug geht so lange zum Brunnen, bis er bricht. *Tanto va la gatta al lardo che ci lascia lo zampino.*

Das Ei ist klüger als die Henne. *I paperi menano a bere le oche.*

Wie man sich bettet, so schläft man. *Chi dorme coi cani, si leva con le pulci.*

Hunger ist der beste Koch. *Asino che ha fame, mangia d'ogni strame. – A chi ha fame è buono ogni pane.*

Der Apfel fällt nicht weit vom Stamm. *Da un cattivo ceppo non può venire una buona scheggia.*

Narrenhände besudeln Tisch und Wände. *Muro bianco, carta dei pazzi.*

Wer zuerst kommt, mahlt zuerst. *Chi tardi arriva, male alloggia.*

Geduld bringt Rosen. *Col tempo e con la paglia maturano le nespole.*

Wes das Herz voll ist, des gehet der Mund über. *La lingua batte dove il dente duole.*

Arbeit schändet nicht. *Mani callose, mani virtuose.*

Was vorbei ist, ist vorbei. *Acqua passata non macina più.*

Einmal ist keinmal. *Uno non fa numero.*

Aller guten Dinge sind drei. *Non c'è due senza tre.*

Wer A sagt, muß auch B sagen. *Ormai siamo in ballo e bisogna ballare.*

Alles hat seine zwei Seiten. *Ogni diritto ha il suo rovescio.*

Eine Liebe ist der andern wert. *Ogni dato vuol il suo mandato.*

Hochmut kommt vor dem Fall. *La superbia parte in carrozza e ritorna a piedi.*

Allzu scharf macht schartig. *Ogni soverchio, rompe il coperchio.*

Es ist nichts so fein gesponnen, es kommt doch ans Licht der Sonnen. *Tutti i nodi vengono al pettine.*

Klare Abmachungen erhalten die Freundschaft. *Patti chiari, amicizia lunga.*

Besser ein lebendiger Esel als ein toter Doktor. *Meglio un asino vivo che un dottore morto.*

Hilf dir selbst, so hilft dir Gott. *Chi s'aiuta, Dio l'aiuta.*

Kommt Zeit, kommt Rat. *La notte porta consiglio.*

Keine Rose ohne Dornen. *Non c'è rosa senza spine.*

Gott beschütze mich vor meinen Freunden; mit meinen Feinden will ich schon selbst fertig werden. *Dagli amici mi guardi Iddio chè dai nemici mi guardo io.*

ANHANG
DIE UNREGELMÄSSIGEN VERBEN

Im Pass. rem. sind stets nur die 1. und 3. Person Einzahl und die 3. Person Mehrzahl unregelmäßig.

Unregelmäßige Verben auf -are (I. Konjugation)

andare gehen, fahren
Präsens: vado, vai, va, andiamo, andate, vanno
Futurum: andrò
Partiz.: andato

dare geben
Präsens: do, dai, dà, diamo, date, danno
Futurum: darò
Pass. r.: diedi, diede, diedero

fare machen, tun
Präsens: faccio, fai, fa, facciamo, fate, fanno
Futurum: farò
Pass. r.: feci, fece, fecero
Partiz.: fatto

stare sich befinden, wohnen
Präsens: sto, stai, sta, stiamo, state, stanno
Futurum: starò
Pass. r.: stetti, stette, stettero

Unregelmäßige Verben auf -ere (II. Konjugation)

bere (aus *bevere*) trinken
Präsens: bevo, bevi, beve, beviamo, bevete, bevono
Imperf.: bevevo
Futurum: berrò
Pass. r.: bevvi, bevve, bevvero

cadere fallen
Pass. r.: caddi, cadde, caddero
Partiz.: caduto

Ebenso:
accadere vorkommen, sich ereignen
scadere fällig sein, verfallen

cogliere pflücken
Präsens: colgo, cogli, coglie, cogliamo, cogliete, colgono
Pass. r.: colsi, colse, colsero
Partiz.: colto

Ebenso:
accogliere aufnehmen, empfangen
raccogliere sammeln, aufheben
sciogliere auflösen
togliere nehmen

condurre (aus *conducere*) führen
  Präsens: conduco, conduci, conduce, conduciamo, conducete, conducono
  Imperf.: conducevo
  Futurum: condurrò
  Pass. r.: condussi, condusse, condussero
  Partiz.: condotto
Ebenso:
  produrre erzeugen, hervorbringen
  tradurre übersetzen
  introdurre einführen
  indurre verleiten, veranlassen
  ridurre reduzieren, herabsetzen
  sedurre verführen
parere scheinen
  Präsens: paio, pari, pare, pariamo, parete, paiono
  Futurum: parrò
  Pass. r.: parvi, parve, parvero
  Partiz.: parso
Die Komposita *comparire, apparire* erscheinen, *scomparire, disparire* verschwinden, *trasparire* durchscheinen gehören zu der III. Konjugation, machen aber die Unregelmäßigkeiten im *Passato remoto* und *Partizip Perfekt* mit.
porre (aus *ponere*) legen, setzen, stellen
  Präsens: pongo, poni, pone, poniamo, ponete, pongono
  Imperf.: ponevo
  Futurum: porrò
  Pass. r.: posi, pose, posero
  Partiz.: posto
Ebenso:
  disporre verfügen, sich anschicken
  proporre vorschlagen
  supporre vermuten
  sottoporre unterwerfen
  esporre ausstellen
  scomporre auseinandernehmen, durcheinanderbringen
  comporre zusammensetzen, komponieren
  deporre niederlegen, aussagen (Gericht)
  riporre wieder hinstellen
potere können
  Präsens: posso, puoi, può, possiamo, potete, possono
Alle anderen Formen sind regelmäßig.
piacere gefallen, schmecken
  Präsens: piaccio, piaci, piace, piacciamo, piacete, piacciono
  Pass. r.: piacqui, piacque, piacquero
  Partiz.: piaciuto

Ebenso:
dispiacere mißfallen, bedauern
tacere schweigen
rimanere bleiben
Präsens: rimango, rimani, rimane, rimaniamo, rimanete, rimangono
Pass. r.: rimasi, rimase, rimasero
Partiz.: rimasto
sapere wissen, können, schmecken
Präsens: so, sai, sa, sappiamo, sapete, sanno
Pass. r.: seppi, seppe, seppero
Konj. Pr.: sappia
scegliere wählen, aussuchen
Präsens: scelgo, scegli, sceglie, scegliamo, scegliete, scelgono
Pass. r.: scelsi, scelse, scelsero
Partiz.: scelto
sedere sitzen, **sedersi** sich setzen
Präsens: siedo, siedi, siede, sediamo, sedete, siedono
Ebenso:
possedere besitzen
spegnere löschen
Präsens: spengo, spegni, spegne, spegniamo, spegnete, spengono
Pass. r.: spensi, spense, spensero
Partiz.: spento
tenere halten
Präsens: tengo, tieni, tiene, teniamo, tenete, tengono
Pass. r.: tenni, tenne, tennero
Partiz.: tenuto
Ebenso:
astenersi sich enthalten
attenersi sich an etwas halten
ottenere erhalten
mantenere halten, unterhalten
sostenere behaupten, aufrechterhalten
ritenere zurückhalten, halten für
trarre ziehen
Präsens: traggo, trae, traggono (Die anderen Formen werden meist durch tirare ersetzt.)
Pass. r.: trassi, trasse, trassero
Futurum: trarrò
Partiz.: tratto
Ebenso:
attrarre an sich ziehen
detrarre abziehen, abrechnen

distrarre zerstreuen
estrarre herausziehen
contrarre zusammenziehen, schließen (Verträge)
protrarre aufschieben
sottrarre abziehen, sich entziehen
valere gelten, wert sein
    Präsens: valgo, vali, vale, valiamo, valete, valgono
    Pass. r.: valsi, valse, valsero
    Partiz.: valso
Ebenso:
    prevalere vorherrschen, überwiegen
    equivalere gleichviel wert sein
volere wollen
    Präsens: voglio, vuoi, vuole, vogliamo, volete, vogliono
    Futurum: vorrò
    Pass. r.: volli, volle, vollero
    Partiz.: voluto
vedere sehen
    Pass. r.: vidi, vide, videro
    Partiz.: visto und veduto
Ebenso:
    rivedere wiedersehen
    prevedere vorhersehen
    provvedere vorsorgen, besorgen
    intravedere durchschauen

Bei den folgenden Verben sind nur die 1. und 3. Person Einzahl und die 3. Person Mehrzahl des Passato remoto sowie das Partizip Perfekt unregelmäßig:

accendere anzünden
    Pass. r.: accesi, accese, accesero
    Partiz.: acceso
Ebenso:
    appendere aufhängen
    spendere ausgeben
    stendere ausbreiten, aufhängen (Wäsche)
    difendere verteidigen
    offendere beleidigen
    attendere warten
    intendere verstehen, meinen
    pretendere verlangen, behaupten
    comprendere begreifen
    intraprendere unternehmen
    sorprendere überraschen
    sospendere aufhören, einstellen
    tendere strecken

scendere heruntersteigen
rendere wiedergeben
ledere verletzen
ardere brennen
    Pass. r.:   arsi, arse, arsero
    Partiz.:   arso
E b e n s o :
    spargere streuen
    cospargere bestreuen
chiedere verlangen
    Pass. r.:   chiesi, chiese, chiesero
    Partiz.:   chiesto
chiudere schließen
    Pass. r.:   chiusi, chiuse, chiusero
    Partiz.:   chiuso
E b e n s o :
    accludere einschließen, beilegen
    includere einschließen, beilegen
    socchiudere halb schließen, anlehnen
    concludere beschließen
    deludere enttäuschen
    illudere täuschen, irreführen
    eludere umgehen
    escludere ausschließen
    fondere gießen (Metall)
    confondere verwechseln, verwirren
    infondere einflößen
    diffondere verbreiten
tingere färben
    Pass. r.:   tinsi, tinse, tinsero
    Partiz.:   tinto
E b e n s o :
    spingere stoßen, schieben, treiben
    respingere zurückweisen
    stringere drücken
    costringere zwingen
    restringere zusammenziehen, eingehen (Stoffe)
    dipingere malen
    fingersi sich verstellen
    distinguere unterscheiden
    estinguere erlöschen
    vincere siegen, gewinnen
    convincere überzeugen
conoscere kennen
    Pass. r.:   conobbi, conobbe, conobbero
    Partiz.:   conosciuto

Ebenso:
riconoscere anerkennen, erkennen
correre laufen, eilen, rennen
    Pass. r.:   corsi, corse, corsero
    Partiz.:   corso
Ebenso:
percorrere durchfahren, durcheilen
accorrere herbeilaufen
incorrere geraten in
scorrere fließen, durchblättern
soccorrere helfen, beistehen
trascorrere verbringen
discorrere reden, plaudern, sich unterhalten
concorrere sich mitbewerben um
occorrere (unpersönlich) brauchen
accorgere bemerken, erblicken
    Pass. r.:   accorsi, accorse, accorsero
    Partiz.:   accorto
Ebenso:
accorgersi gewahr werden
sporgere hinauslehnen, hinausragen
porgere reichen
sorgere aufgehen, entstehen
risorgere wiederauferstehen
insorgere sich erheben, empören
torcere drehen
contorcersi sich kümmern
distorcere entstellen, verzerren
crescere wachsen, zunehmen
    Pass. r.:   crebbi, crebbe, crebbero
    Partiz.:   cresciuto
Ebenso:
decrescere abnehmen
rincrescere leid tun
dividere teilen
    Pass. r.:   divisi, divise, divisero
    Partiz.:   diviso
Ebenso:
ridere lachen
sorridere lächeln
decidere entscheiden
incidere einschneiden
uccidere töten
espellere austreiben
    Pass. r.:   espulsi, espulse, espulsero
    Partiz.:   espulso

Ebenso:
divellere ausreißen, entwurzeln
incutere einflößen
   Pass. r.:   incossi, incusse, incussero
   Partiz.:   incusso
Ebenso:
discutere besprechen
distruggere zerstören
   Pass. r.:   distrussi, distrusse, distrussero
   Partiz.:   distrutto
invadere einfallen
   Pass. r.:   invasi, invase, invasero
   Partiz.:   invaso
Ebenso:
evadere entrinnen
disuadere abraten
persuadere überreden, überzeugen
radere abschaben, rasieren
leggere lesen
   Pass. r.:   lessi, lesse, lessero
   Partiz.:   letto
Ebenso:
eleggere erwählen
rileggere wiederlesen
correggere verbessern
sorreggere stützen
reggere aushalten
dirigere lenken
erigere errichten
esprimere ausdrücken
   Pass. r.:   espressi, espresse, espressero
   Partiz.:   espresso
Ebenso:
comprimere zusammenpressen
imprimere eindrücken
opprimere unterdrücken
sopprimere unterdrücken, abschaffen
reprimere zurückhalten, bändigen
immergere tauchen
   Pass. r.:   immersi, immerse, immersero
   Partiz.:   immerso
Ebenso:
emergere hervorragen
aspergere besprengen
tergere abtrocknen, abwischen

muovere bewegen, rühren
    Pass. r.:   mossi, mosse, mossero
    Partiz.:   mosso
E b e n s o :
    commuovere rühren, bewegen (Empfindungen)
    promuovere befördern
    rimuovere wegrücken, entfernen
    percuotere schlagen
    scuotere schütteln
    riscuotere einziehen
cuocere kochen, backen, braten
    Pass. r.:   cossi, cosse, cossero
    Partiz.:   cotto
nascondere verbergen
    Pass. r.:   nascosi, nascose, nascosero
    Partiz.:   nascosto
E b e n s o :
    rispondere antworten
    corrispondere entsprechen, erwidern, korrespondieren
esplodere explodieren
    Pass. r.:   esplosi, esplose, esplosero
    Partiz.:   esploso
E b e n s o :
    rodere nagen
nascere geboren werden
    Pass. r.:   nacqui, nacque, nacquero
    Partiz.:   nato
piangere weinen
    Pass. r.:   piansi, pianse, piansero
    Partiz.:   pianto
E b e n s o :
    compiangere bemitleiden, beklagen
    frangere berechnen
redimere erlösen
    Pass. r.:   redensi, redense, redensero
    Partiz.:   redento
piovere regnen
    Pass. r.:   piovve
    Partiz.:   piovuto
rompere zerbrechen
    Pass. r.:   ruppi, ruppe, ruppero
    Partiz.:   rotto
E b e n s o :
    rompersi kaputtgehen
    corrompere verderben (Sitten)
    irrompere ausbrechen

interrompere unterbrechen
prorompere ausbrechen (in Tränen)
scrivere schreiben
  Pass. r.:   scrissi, scrisse, scrissero
  Partiz.:   scritto
Ebenso:
  descrivere beschreiben
  iscrivere einschreiben
  prescrivere vorschreiben, verordnen
  sottoscrivere unterschreiben
  sopravvivere überleben
  friggere backen
  affliggere betrüben
  infliggere auferlegen
vivere leben
  Pass. r.:   vissi, visse, vissero
  Partiz.:   vissuto
assumere annehmen, einstellen (Personal)
  Pass. r.:   assunsi, assunse, assunsero
  Partiz.:   assunto
Ebenso:
  riassumere zusammenfassen
  presumere mutmaßen
  giungere gelangen
  aggiungere hinzufügen
  raggiungere erreichen
  congiungere verbinden, vereinen
  pungere stechen
  ungere ölen
avvolgere einhüllen, einwickeln
  Pass. r.:   avvolsi, avvolse, avvolsero
  Partiz.:   avvolto
Ebenso:
  rivolgere wenden
  sconvolgere aufregen, über den Haufen werfen
  svolgere entwickeln
  svolgersi sich abspielen
  risolvere lösen, entscheiden
assistere beistehen
  Partiz.:   assistito
  Alle anderen Formen sind regelmäßig
Ebenso:
  consistere bestehen aus
  esistere existieren
  insistere darauf bestehen
  resistere aushalten, widerstehen

concedere gewähren, erteilen

Während das Grundverb *cedere* „abtreten" regelmäßig ist, haben die Komposita überwiegend ein unregelmäßiges Passato remoto und Partizip Perfekt.

Pass. r.: concessi, concesse, concessero
Partiz.: concesso

E b e n s o :
succedere vorkommen

Regelmäßig ist hingegen *procedere* vorgehen.

riflettere zurückstrahlen

Pass. r.: riflessi, riflesse, riflessero
Partiz.: riflesso

Dieses Verbum kann auch regelmäßig gebraucht werden, und zwar wenn es die Bedeutung „überlegen" hat.

mettere legen, setzen, stellen

Pass. r.: misi, mise, misero
Partiz.: messo

E b e n s o :
smettere aufhören
ammettere zugeben
commettere begehen
intromettersi sich einmischen
omettere auslassen
permettere erlauben
promettere versprechen
rimettere zustellen, wieder hinlegen
scommettere wetten
sottomettere unterwerfen

Unregelmäßige Verben auf -ire (III. Konjugation)

apparire erscheinen

Präsens: apparisco, apparisci, apparisce, appariamo, apparite, appariscono
Pass. r.: apparvi, apparve, apparvero
Partiz.: apparso

E b e n s o :
comparire erscheinen, zum Vorschein kommen
scomparire, sparire, disparire verschwinden
trasparire durchscheinen

aprire öffnen, aufmachen

Präsens: apro, apri, apre, apriamo, aprite, aprono
Pass. r.: regelmäßig
Partiz.: aperto

E b e n s o :
coprire zudecken, bedecken
scoprire aufdecken, entdecken

158

ricoprire wieder bedecken
offrire anbieten
soffrire leiden, erdulden

dire sagen
Präsens: dico, dici, dice, diciamo, dite dicono
Futurum: dirò
Pass. r.: dissi, disse, dissero
Partiz.: detto
Ebenso:
contradire widersprechen
disdire kündigen
predire vorhersagen
benedire segnen
maledire fluchen

morire sterben
Präsens: muoio, muori, muore, moriamo, morite, muoiono
Futurum: morrò
Pass. r.: (regelmäßig) morii
Partiz.: morto

salire steigen
Präsens: salgo, sali, sale, saliamo, salite, salgono
Pass. r.: regelmäßig
Partiz.: regelmäßig
Ebenso:
assalire angreifen
risalire zurückgehen auf

uscire fortgehen, hinausgehen
Präsens: esco, esci, esce, usciamo, uscite, escono
Die übrigen Formen sind regelmäßig.
Ebenso:
riuscire gelingen

venire kommen
Präsens: vengo, vieni, viene, veniamo, venite, vengono
Futurum: verrò
Pass. r.: venni, venne, vennero
Partiz.: venuto
Ebenso:
divenire werden
avvenire geschehen, sich ereignen
prevenire zuvorkommen
provenire herrühren
rinvenire wieder zu sich kommen
sopravvenire unvermutet dazukommen
svenire ohnmächtig werden

seppellire begraben
Partiz.: sepolto und seppellito

Verzeichnis zur Sprachlehre